思春期とアタッチメント

林もも子

みすず書房

序　文

吉田敬子

思春期を思い起こしてみよう。そこには独立と依存、自信と挫折、信頼と不信、期待と不安が混在している。その考えや感情は、自分自身や家族、友人、教師や社会との関係の中で交錯する。思春期は楽しくて苦しい。この若者たちはこの先どうなるのか、「若者たちよ、どこへ行く」である。医師である私の場合は、対象の若者は患者であるので、それは「予後」を考えることになる。私たちはその専門は異なるが、若者や家族のメンタルヘルスの問題に取り組んでいる。プロフェッショナルとして臨むために、知識の更新と整理、研究と検証、臨床の場での自経例の蓄積と見直しをする。それにもかかわらず「これでいいのか」「そうなったのか」と、次の新たな疑問やケースに遭遇する。とかく思春期は難しい。

次にアタッチメントとは何か。心理的な危機状況で、習慣的に安全感を感じている特定の対象に近づき、そこで安全感を回復して安心することである。専門書や文献の多くは、乳幼児と母親についての言及である。しかし、アタッチメント行動は乳幼児に限局してみられるものではない。人はさまざまな困難に遭遇する。その困難を乗り越え、新たな状況に適応して生きていくための情動の制御・司令塔のひとつとして、アタッチメント・システムは生涯にわたり作動する。そのアタッチメントの対象との関係は、乳児の母子関係から、大人から大人の間にみられる保護関係にまで、広がりながら変化していく。それは流動的であり、そのシステムは脳科学のエビデンスも交えながらいまだ解明の途中にある。

本書の著者である林もも子氏は、心理学の専門家として大学で教鞭をとっている。果敢にも彼女は、いま述べてきた思春期とアタッチメントという大きくて複雑な二つのテーマに挑んだ。しかも彼女は理論に盲従しない臨床心理士の実践家でもあり、このテーマから心理療法を論じ、ここに単著としてまとめた。著者が最後に述べているように、本を書くということは、どこかで著者の考えの断片をさらす覚悟をすることである。複数の立場の権威者が、無難で認められた内容のみを共著として連ねて一冊にまとめるのでは、複雑な思春期という時期の心理療法を、アタッチメントという切り口で大胆にも論じることはできない。その意味で本書は単著としての良さが十分に伝わる内容であり、どこを開いても、著者の知識・想い・姿勢が血と肉として詰まっている。思春期臨床を行うのと同じく、本書は、読者が持つそれぞれの背景と感性で読み進め、立ち止まって考えることが重要であろう。そこで内容を列挙する道先案内はしないが、著者ゆえに可能となったと思われる本書の特徴について次に少し述べる。

まず、本書には著者によるアタッチメント理論の集大成が掲載されている。その量は膨大ながら、さまざまな理論がフェアに紹介され、明確でわかりやすい。著者は、ボウルビィによるアタッチメント理論の三部作である、「Ⅰ　愛着行動」「Ⅱ　分離不安」「Ⅲ　愛情喪失」を熱心に再読した。それらをはじめとした知識の確認や新しいエビデンスの収集の後に、著者が咀嚼して、それらを平易な言葉や身近なたとえを用いて説明している。また新しい理論には魅力を感じつつも、「本当に正しいのか」という学問的不信感をもってサイエンスと考えられる結果でも盲信しない。たとえば、境界性パーソナリティ障害について、脳画像をはじめ脳神経科学のエビデンスも交えて魅力的な説明がなされているが、そこにアタッチメント理論が触媒として存在し、精神分析理論と発達理論のブリッジがカレント・トピックスとして世に出ている。これについては、精神分析の理論家兼精力的で活動的な人気学者であるフォナギーらが唱えているが、林氏は、彼らが精神分析を足場にしていることに一定の理解を示しながらも、彼らがアタッチメント概念を初期の親子関係の閉塞した関係の中での養育モデルという狭義の世界で捉えていることに異議を唱える。ボウルビィを読み込んだ著者は、彼のアタッチメント理論はもっと柔軟であり、親子関係に限局せず青年から年長まで広く発展していくことを本書で強調している。

次に特記するべきこととして、彼女の臨床経験にも基づいて理論を見直している。私もこれは正しいと考える。もし幼少期の体験のみでアタッチメントのパターンが決まってしまうならば、世代間伝達の悪循環を断ち切ることは不可能となる。しかし、人間はそう捨てたものではない。出産して新たに人の親となり、母子ともに、保健師などによる継続した支援を受ける中で、自分が愛され、保護されるに値する人間であることをはじめて感じ、周囲の人々にアタッチメント行動を示し、より肯定的な対人関係を築くことになった例を私自身も経験しているからである。臨床家は目の前にいる子どもの明るい予後を信じる楽天主義であるべきと唱えたのは、乳幼児精神医学者であるダニエル・スターンであり、私はそれを座右の銘としているが、林氏の臨床的な信念にも、クライエントに対する暖かい肯定的な態度がみえる。

第三にアタッチメントの評価方法について、臨床に適応できる形で紹介されていることである。もちろん本書は、アタッチメントを視点にした思春期の心理療法が基本テーマであるので、これは重要なポイントである。著者は、幼児期の親子関係についての情報は不可欠であることは認めながらも、養育者からの情報のみで思春期の対象を評価することはなく、種々のアタッチメントの測定法と内的作業モデルの構造の比較検討をしている。私が林氏と出会ったのは、アタッチメントの測定法についての講習会の場である。その測定法とは、私が現在まで林氏と共に行っているアタッチメント・スタイル・インタビューであるが、それは、現在の成人の生活の中の対人関係で、自分の心中穏やかでない気持ちを相手に打ち明け、サポートを求め、そして相手からのサポートを得る、そのような対人関係の広がりと質を評価するものである。講習会で興味を示してくれた著者は、その後、私以上に精力的にこの測定法をわが国での実際の使用に見合うべく開発を重ねてくれた。思春期は心の嵐の時期にたとえられてきたが、現在の若者は、胸の内の苦しさを打ち明けない、打ち明けられない、サポートを求めることをしない、表面的にはさらりとみえる静かな苦悩者も多く、心の嵐の表出方法も変化している。思春期は、成人への独立の旅に出発するにあたって、再びアタッチメントの重要さが大きくなる時期であろう。その意味で本書がアタッチメントの中でも思春期に焦点を当てて論じていることは、一歩新鮮な開拓地に出ている。

最後に、理論と臨床が有機的に結合していることである。思春期臨床における心理面接の展開において、初回面接の大切さ、次の予約の取り方や治療の持って行き方などを含む経過、いかに治療を終結するかについて読者は整理ができる。本書では、援助の関わりのはじめの場面では、「相手のアタッチメントの内的作業モデルの不安定性の程度と質を見立て、何がどのように難しいのかを理解し、対応を考えていく」ことについて臨床を走らせる青写真のごとく、異なるケースごとに具体的に例示されている。そして、どのようなアタッチメント・スタイルのクライエントとの治療関係の中でも安定的なアタッチメントを築くことの重要性を肝に銘じて日々努力をする。それが彼女の臨床の姿勢につながっていることは確かである。そして、治療者もケースの行き詰まり、不安、ブラッシュアップのために、先輩の同業者やチームからスーパーバイズを受ける、これも治療者同盟の間に成立するアタッチメント関係である。

私たち読者も、彼女と共に「思春期とアタッチメント」のテーマをゆっくり考えて共に進むことができる。本書は、その羅針盤であり、これまでの仕事の整理と今後の進むべき方向についての示唆を与えてくれる。

（九州大学病院子どものこころの診療部／児童精神医学）

思春期とアタッチメント　目次

はじめに

筆者が臨床家として歩み出した時に受けた訓練は、クライエント中心療法が主流である大学院におけるものだった。個人スーパービジョン、体験グループ、カンファレンスなどを通じて、クライエントを尊重する姿勢、耳を傾けること、自分の感じることを大切にすることなど、臨床家としての土台となる貴重なものを多く身につけたと思う。しかし、臨床家としての経験を積み重ねるに従い、特にパーソナリティ障害のクライエントの方と会う経験が増えるにつれて行き詰まることが増えてきた。治療の中断が続き、スーパービジョンも受けていたが、クライエント中心療法の理論に限界を感じはじめた。今からふりかえれば、自分の限界を理論の限界に置き換えていたのかもしれないが、あれこれと理論的な柱を模索する中で、精神分析の理論書によって学ぶことが多いと感じ、かねてから関心のあった精神分析の訓練を受けることにした。

精神分析の訓練を受け、スーパービジョンを受けながら精神分析的精神療法の治療を重ね、精神分析理論の世界を楽しんだ。いや、精神分析理論は海のように広く深い世界であり、日々進歩してもいるので未知の領域がたくさんあり、筆者が知っている領域はごく一部に過ぎず、今もこの世界に興味は尽きない。

ただ、複雑なものを丁寧に見ていく理論的な枠組みを求めて入ったはずの精神分析の世界だったが、そのうち、今度はその治療構造に窮屈さを感じはじめた。たとえば、現実的なクライエントの状況から了解可能な休みについてまでも転移解釈をすることの不自然さや、転移関係を浮き彫りにするために守るべき構造の固さ、たとえば週一回というペースの厳守、中立性を保つことの不自由さを強く感じるようになった。これもまた、今からふりかえれば自分の不自由さの投影だったかもしれない。自分が女性であることも、フロイトの理論への抵抗を強めたのだろう。特に、男根羨望を基礎とする女性の発達理論についての違和感は、フィリス・タイソンによる修正理論[1]に出会うまで、喉につかえた骨のようにひっかかりつづけていた。

そのような中で出会ったアタッチメント理論は、筆者をさまざまなこだわりから自由にしてくれる力を持っていた。筆者がアタッチメント理論でもっとも面白いと思うのは、ボウルビィ[2]が進化論の立場から動物の中の一つの種としてヒトをとらえ、人と人との関係を理論化しているところである。彼の書いたものの中には、もちろん時代や社会の価値観に束縛されているところもある。たとえば、アタッチメント概念を構築していく中で母親の役割を子どもの発達において特別視しているところはその典型だろう。しかし、ボウルビィは、彼にとっては不本意なことではあっただろうが、精神分析の世界から異端児としてはじきだされたことで、かえって自由に動物行動学者や認知心理学者や発達心理学者との交流することができた。そして、動物行動学や制御理論などの知見を自らの理論の中に取り入れ、人特有の言葉の世界や文化や価値観からかなり自由な立場で、人と人との間のある種の行動の意味を「アタッチメント」という概念として練り上げた。また、発達心理学の中にアタッチメントをめぐる実証研究の大きな流れを作った。

アタッチメントは、何らかの危機にさらされた人が特定の他者に接近する行動、一方、そうやって接近してきた他者に対して自然に生まれる、相手を保護しようとする行動を、動物としての人間に生まれながらに備わっている行動として抽出した概念である。筆者は、アタッチメント概念を知ることによって、自分の中に生じる他者との関係性に向かうさまざまな動きに対する基本的な信頼を再確認することができた。そして、そのことにより、自分の中の硬直した枠組みとなりかかっていた精神分析の治療構造を柔軟に変化させることが可能になった。

アタッチメント理論による人間の分類もまた、既成の診断分類とは異なる実用性を持っている。特に治療の舞台にクライエントが乗るかどうか揺れている時期にアタッチメントの視点を用いることは有効であると思われる。アタッチメントというと発達心理学の世界の概念であるという通念があり、事実、研究においては発達心理学の研究が圧倒的な量を占めている。しかし、ボウルビィ[3]は臨床精神科医としてアタッチメント概念の臨床的な発展を望んでいた。

近年、精神分析学者であるピーター・フォナギーの『愛着理論と精神分析』[4]の訳出とその中心概念であるメンタライゼーションへの注目、ついでベイトマンとフォナギーの『メンタライゼーションと境界パーソナリティ障害』[5]の訳出などから、日本においても、ようやくアタッチメント理論は精神分析理論と発達理論を架橋するものであるとの理解が定着しつつある。フォナギーのメンタライゼーション概念は、近年の認知科学や神経科学の知見をも含む多くの実証研究を踏まえて緻密に組み立てられており、治療においてはたしかに有効な概念であると思う。しかし、幼少期を重視する精神分析家の立場からは自然なことではあるが、フォナギーらはアタッチメントを養育モデルあるいは親子関係モデルに限定してとらえている。メンタライゼーションを基礎とした治療技法（Mentalization-based treatment：MBT）は、境界性パーソナリティ障害を対象とした治療であるため、養育モデルを用いることが適当であることは理解できる。しかし、アタッチメント概念の基礎は親子の行動観察であり、養育行動の文脈において観察される生物学的な行動システムであるにしても、ボウルビィは後年、これを青年期から老年期にいたるまで、一生を通じて重要な対人関係システムの一つとして発展させた。筆者は、アタッチメント概念を養育モデルに限定せず、より広くとらえる立場に立っている。

成人期のアタッチメントは、社会人格心理学領域において研究がすすめられ、ロールズら[6]の『成人のアタッチメント』が翻訳されている。老年期のアタッチメントについても今後、人口の高齢化が進む中で重要な研究領域となっていくだろう。しかし、本書では、子どもから成人へと移行する思春期のアタッチメントの在り方について焦点をあてる。この領域も日本における研究は緒についたばかりである。

本書では、アタッチメントの研究者としての立場を超えて、一臨床家として、アタッチメント概念を用いて思春期の臨床について考えをめぐらせた。アタッチメントの概念は、人間の発達や適応を研究する道具として優れたものであることは事実だが、一方で、臨床の現場における人間関係を考えるにあたっても有用な概念である。

昨今、未熟な大人の行動は「モンスター」と名付けられ、攻撃的な若者の行動は「キレる」とレッテルを貼られる。商業主義のマスコミによって大量に送りだされる情報は、より短く、よりわかりやすく、より扇情的になっていく一方であり、何事にしてもゆっくり考えることを妨げているように感じられる。成熟した大人の社会を作っていくためにも、子どもから親に、育てられる人から育てる人になっていく移行過程、成熟過程である思春期をゆっくり考えることが必要なのではないだろうか。ウルフ(7)によれば、文字を読むことによって脳がそれまでよりも深く思考する時間が生まれるという。本書が思春期の青少年の成長を支えるためには何が必要かをじっくりと考える一つの糸口になればと願っている。

なお、本書で例としてあげた事例の中で、公刊されている文献から引用したもの以外はヴィネットも含めすべて、クライエントのプライバシーの保護のため、筆者が経験した事例と他の臨床家の事例を混合したり、部分的に創作したり、事例の本質にかかわらないと思われる部分を加工した架空の事例であることをお断りしておく。

文　献

（1）Tyson, Phyllis. 1994. Bedrock and Beyond: An Examination of the Clinical Utility of Contemporary Theories of Female Psychology. *Journal of American Psychoanalytic Association,* 42:447-467.

（2）Bowlby, J. 1969, 1982. *Attachment and Loss: vol.1: Attachment.* Hogan, London.（黒田実郎・大羽蓁・岡田洋子・黒田聖一訳『母子関係の理論　I　愛着行動』岩崎学術出版社、東京、一九九一年）

（3）Bowlby, J. 1988. *A secure base.* Routledge, London.（二木武監訳『母と子のアタッチメント――心の安全基地――』医歯薬出版、東京、一九九三年）

（4）Fonagy, P. 2001. *Attachment Theory and Psychoanalysis.* Other Press, New York.（遠藤利彦・北山修監修『愛着理論と精神分析』誠信書房、東京、二〇〇八年）

（5）Bateman, A.W. & Fonagy, P. 2004. *Psychotherapy for Borderline Personality Disorder: Mentalization-based Treatment.* Oxford University Press, London.（狩野力八郎・白波瀬丈一朗監訳『メンタライゼーションと境界パーソナリティ障害――ＭＢＴが拓く精神分析的精神療法の新たな展開――』岩崎学術出版社、東京、二〇〇八年）

（6）Roles, W.S. & Simpson, J. ed. 2004. *Adult Attachment: Theory, Research, and Clinical Implications.* Guilford Press, New York.（遠藤利彦・谷口弘一・金政祐司・串崎真志監訳『成人のアタッチメント――理論・研究・臨床――』北大路書房、京都、二〇〇八年）

（7）Wolf, M. 2008. *Proust and Squid: The story and science of the reading brain.* Icon books. London.（小松律子訳『プルーストとイカ――読書は脳をどのように変えるのか？――』インターシフト、東京、二〇〇八年）

思春期とアタッチメント

第1章　アタッチメントとは

1　ボウルビィによるアタッチメント理論の基礎

心理療法の成功の鍵は何だろうか。まず、クライエントと心理療法家の間に信頼関係が成立することである。クライエントは自分の人生にとって他者である心理療法家をどのようにして信頼するのだろうか。心理療法の歴史の中で、精神分析の「治療同盟」、クライエント中心療法の「信頼と安全の風土」など、さまざまな信頼関係の記述がなされてきた。だが、そもそも、人間が人間を信頼する関係とはどのようにして作られるのだろうか？　筆者は、この問いに対する一つの答えを「アタッチメント」という、まだ自らの身を守る力の弱い子どもが危険にさらされた時に身の安全を求めて他者を頼る行動、人間が生まれて初めて体験する信頼関係についての着眼から発展した理論に見出す。

アタッチメント理論は、クライン派精神分析の訓練を受けたイギリスの児童精神科医であるジョン・ボウルビィ（一九〇七―九〇）により創始された。ボウルビィの生涯や経歴については、ホームズの『ボウルビィとアタッチメント理論』[1]に詳しい。ボウルビィは、その臨床経験から、親子関係の実証的な研究を経てアタッチメント理論の基礎を確立した。『母子関係の理論』として翻訳された *Attachment and Loss* の三部作[2・3・4]は、その総括的な著作である。ボウルビィは、第一巻において、自分の理論的な立場がいかに精神分析の基礎に立脚しているかを説明しつつ、当時の最新の比較行動学と制御理論を統合してアタッチメント概念の実証的な裏付けと理論的妥当性を主張し、二巻、三巻において、それぞれ、分離不安、対象喪失をめぐってアタッチメント理論を展開した。

　アタッチメントは、日本では『母子関係の理論』の翻訳書において「愛着」と翻訳されて以来、愛着という訳語が定着している。しかし、日本のアタッチメント理論の代表的な研究者である数井みゆきと遠藤利彦は、二〇〇五年に編んだ『アタッチメント――生涯にわたる絆――』[5]という、アタッチメント理論の半世紀にわたる国内外の研究の軌跡をまとめた著書の中で、attachment に対して「アタッチメント」というカタカナ表記を提案している。それは、「愛着」という訳語では、子どもにとっての「愛着」のあるぬいぐるみ、という言い方の愛着との混同が生じるからであり、また、アタッチメントには肯定的な意味合いも否定的な意味合いもなく、「愛情」とは区別されるものだからである。本書では数井らにならい、アタッチメントという表記を用いる。なお、引用文中に「愛着」の訳語が用いられている場合は、「愛着《アタッチメント》」とルビをふった。

　アタッチメントとは、「個体がある危機的状況に接し、あるいはまた、そうした危機を予知し、恐れや不安の情動が強く喚起された時に、特定の他個体への近接を通して、習慣的な安全の感覚（felt security）を回復・維持しようとする傾性」[6]と定義される。すなわち、アタッチメント理論は、ボウルビィの代表作の邦訳の題から推測されるような「母子関係の理論」ではない。たしかに、ボウルビィはアタッチメント理論を発展させる初期においては母親を主なアタッチメント対象として書いている。しかし、ボウルビィは[7]、「青年期になると、親に対するアタッチメントは変化する。親以外の大人が親と同じあるいはそれ以上に重要な存在とみなされるようになり、同年代の人に性的に惹きつけられることもアタッチメント関係の様相を拡大する」「青年期から成人期においては、通常、アタッチメント行動の一部は、家族外の人物ばかりでなく、家

表1　ライフ・サイクルとアタッチメント対象

ライフ・サイクル	アタッチメント対象
乳児期から児童期	養育者，養育者役割を担う家族や親戚，専門的養育者*など
思春期	養育者，友人，恋人など
成人期	養育者，パートナー，友人など
老年期	パートナー，友人，成人した子ども，専門的介護者**など

*保育士やベビーシッターなど
**介護福祉士やヘルパーなど

族外の集団や団体に対してもむけられる。多くの人にとって，学校や大学，労働集団，宗教集団，政治的集団なども付随的アタッチメント対象となり得るし，また，ある人にとっては主要なアタッチメント対象となることもある」「老年期にアタッチメント行動を，年上や，同年輩の人に向けることができなくなると，その代わりに若い世代に向けることもある」（筆者訳。以下，断りのない場合は筆者による訳出）と述べている。表1に，ライフ・サイクルに伴うアタッチメント対象の変遷を示した。アタッチメントは，数井・遠藤[5]が明確化したように「生涯にわたる絆」なのである。

ボウルビィ[2]は，比較行動学において注目されていたアタッチメント行動の概念を人間に適用し，生体が生存に必要な行動制御システムとして生まれながらに持っている本能システムの一つとしてアタッチメント・システムを位置づけた。本能システムとは，経験により学習されたものではなく，ある「種」（たとえば，ヒト，チンパンジー，ハトなど）に所属する個体が共通に，そして生まれながらにそのプログラムを持っているシステムを指す。

ボウルビィ[2]によると，アタッチメント・システムとは，安全調整システムの所産であり，個体が危険を感じたり，不安を感じたりした時に，特定のアタッチメント対象に近付き，近接を維持し，アタッチメント対象からの応答性によって，安心感を取り戻そうとする，行動を制御するシステムである。この行動制御システムは，食行動，性行動などと並ぶ動物が生まれながらに持つシステムの一つである。そして，子どもがある限られた距離を保ちながらアタッチメント人物との関係を持続する行動は行動制御システムのホメオステイシスの原理によって説明される。神経生物学者パンクセップ(8)が、脳の基本情動指令システムとして提唱した、FEAR（恐怖）システムとPANIC（パニック）システムとCARE（ケア）システムが、アタッチメント・システムの本能行動システムとしての根拠を与えると考えられる。

S・フロイト(9)は、「子どもの最初の愛情対象は栄養を与えてくれる母親の乳房である。愛の起源は栄養欲求を満たしてくれるものへのアタッチメントである」と述べ、子どもの母親へのアタッチメントは食欲という基本的な欲求から二次的に生じると考えた。ただし、フロイトがここで言う「アタッチメント」は、厳密にはボウルビィの「アタッチメント」と同じではない。繰り返しになるが、ボウルビィはアタッチメントを愛情という肯定的な価値観を伴う感情としてではなく、中立的な本能システム概念として提唱したからである。また、ボウルビィと同時代の行動理論家も、親が食べ物を与えて子どもの食欲を満たすことにより子どもは母親に近接することを学習する、として、食行動を一次的動因、アタッチメントを二次的動因とする説に立っていた。

ボウルビィ(2)によると、これらのフロイトや行動理論家のアタッチメント二次的動因説は比較行動学や発達心理学の観察や実験から否定され、アタッチメント行動は、食行動とは独立の行動システムであることが明らかになっている。たとえば、ハーロウの子ザルの実験や、スピッツのホスピタリズムについての研究などが著名である。これらは、アタッチメント・システムが食行動システムとは独立の一次的システムであり、子どもの成長と発達にとって重要なシステムであることを示した。安定したアタッチメント関係が剥奪された中で育った子ザルや子どもは、身体的・心理的・社会的に発達が阻害されることが多いことを示したのである。ハーロウが行った、歯をむき出して吠える犬のおもちゃに脅された子ザルが、ミルクをくれる針金の母親人形ではなく、毛布の母親人形に飛びつく実験の様子などは、インターネット上でも映像が見られる。

スピッツの研究については、丹羽淑子[10]が紹介している。

ボウルビィは、同時代の進化論および生物学や動物行動学などの理論に基づき、生物の進化の第一目的は種の保存であり、個体の生存であると考えていた。そして、アタッチメント・システムは個体の生存を目的としたヒトの本能システムであると考えた。しかし、現在の進化理論はドーキンス[11]の「利己的な遺伝子」理論以来、急転回し、生物の進化の第一目的は個体の生存ではなく、遺伝子成功であり、生物の行動は適応を目的としてプログラミングされていると考えられている[11・12・13]。そして、生物学的な適応の目的は、個体ではなく、遺伝子の複製である。すなわち、われわれ生物の個体は、遺伝子の乗り物にすぎず、われわれの行動は、遺伝子により、遺伝子の複製という目的に向けてプログラムされていると考えられる。

一方、進化心理学が遺伝子の複製という視点にひきつけて人間の行動を解釈しすぎることの偏りを批判し、人間の行動を考えるにあたってはドーキンスが提唱した文化の自己複製子であるミームの進化の視点もとりいれるべきであるという議論もある[14・15・16・17]。すなわち、人間の行動は、遺伝子の短い引き紐によりコントロールされているものだけでなく、遺伝子の引き紐が長くなった結果、遺伝子のコントロールを超えた自己複製子である「ミーム」が発生し、独自の進化をしており、ミームによってコントロールされている行動も多々あると考えられるのである。

ミームとは、ドーキンス[18]の提案によると「文化伝達の単位、あるいは模倣の単位である」。ドーキンスは、『利己的な遺伝子』の一九八九年に出した増補版の補注の中で、「初版の最終章でミームを論じたのは、複製子を一般的に扱おうとするためであり、遺伝子は複製子という重要な類の唯一のメンバーではないことを示すためだった」と述べている。しかし、ドーキンスが[19]「人間文化に関する私の構想はゼロに近いくらいささやかなものなのだということを改めて強調しておきたいと思うようになった」というほどに、ミームという言葉は広く使われるようになり、また、さまざまな論争を引き起こした[19]。アンジュ[20]によると、ドーキンスの提案の線に沿った最も公式の定義は、アーロン・リンチによる以下のものである。「記憶のアイテムで、生物個体の神経系に保存されている情報の一部。観察者が抽象化することで同定される。観察者の裏付けは、以前にほかの生物個体の神経系に保存されていた同じ記憶アイテムを裏付けた先行経験に依存している」(21)

本書では、「ミーム」概念をこの定義に従って用いる。

人間の行動の大部分は、本能的システムによって動かされている部分と、文化によって動かされている部分が連動して混在しており、本能的システムだけでなく、ミーム複合体によりその表現が規定されている。たとえば、「食べる」行動について考えてみよう。食べることは、ひとつには遺伝子の乗り物としての適応行動の一つである本能的システムである食行動システムまたはSEEKINGシステムの活動である。空腹時に目の前にある食べ物に飛びつく行動は本能的システムによって動かされているものだろう。一方で、「食事」は、「行儀作法」というミームや「家族の団欒」というミームなどからなる「食事」ミーム複合体に規定されたある形をとる文化的な活動である。同時に、「栄養のバランス」というミームによって規定されていることもある。空腹であっても「いただきます」と挨拶するまでは箸を取らないのは行儀作法ミームの表現形の一つだろう。また、「食べる」行動にかかわる「ダイエット・ミーム」が強力な場合には、遺伝子の乗り物として必要な食行動システムの活性化を抑制する場合もある。

ミーム学は、「利己的な遺伝子」同様に人間中心主義のパラダイムを揺り動かすものであり、心理療法をミーム学の視点でとらえることは、意識の問題をはじめとして、心理療法を哲学的に考察するためには有効だろう。(14)また、スタノヴィッチ(17)が提唱するように、個人にとって有害なミームが主な問題となっている人に対しては、ミーム・セラピーも必要かもしれない。実際に、脱カルトの専門家はミームという言葉を使ってはいないが、ミーム・セラピーを行っていると言えよう。

ミーム理論では、人間を遺伝子とミームの「乗り物」としてとらえる。しかし、人間と人間の生きた関係において心理療法家が何をするかということを実践的に考えるにあたっては、従来の精神分析学をはじめとする、人間を一つのまとまりをもった主体としてとらえる視点が有効であると筆者には思われる。それは、おおかたのクライエントの人間に対する認識と、おおかたの心理療法理論がよって立つ人間観と、そして筆者自身が持ってきた人間観がそのようなものだからである。筆者はミーム理論を取り入れつつ、基本的には旧来の人間観に立っている。

進化心理学の視点からアタッチメント理論を再考する動きも始まっているが[6]、筆者は心理臨床家としての立場から見て、ボウルビィに始まり発展してきたアタッチメント理論は全体としては依然として有用であり、妥当性のある部分が多いと考える。これは、ボウルビィの時代の養育や対人関係にかかわるミームが成功したミームとして生きつづけており、アタッチメント理論全体がミームとして成功しているということかもしれない。もちろん、ミームの進化もみられる。理論の変化については折にふれて論じる。しかし、アタッチメント理論の基本は、生物としての人間の適応システムの一つとしてアタッチメント・システムをとらえる視点である。

2　アタッチメント・システムの機能

アタッチメント・システムの機能の中心は、ボウルビィによれば個体の生存であり、現代の進化理論によれば遺伝子成功と適応であると考えられる。アタッチメント・システムは、この生存あるいは遺伝子成功と適応という主要な機能の下に、個体の安全を維持し探索システムの起動を可能にすることと、個体の保護システムを起動することという二つの機能を持つ。

まず、ボウルビィ[3]は、アタッチメントを動物が生まれながらに持つ、安全を維持するために保護的な役割をしてくれると予想される他の個体に接近し、近い距離を維持するという一次的な行動制御システムであると位置付けた。ヒト以外の動物の場合には、この安全の維持がどのような感情をもたらすか不明であるが、人間においては、このように安全を求めてアタッチメント対象に接近し、安全である状態を認識した時に安心感（feeling secure）を持つ。この安心感は、客観的な事実としての「安全な事態」（situation of safety）とは区別される感情状態で主観的な事態である。ボウルビィ[22]によると、安全は危険と、安心感は恐怖と対置される。ボウルビィは、この区別を示すために「事態は安全だったが彼は恐怖心を覚えた」「事態は危険だと思ったが隊長の行動は我々に安心感を与えた」という例をあげている。たとえば、心理的な家庭内暴力の事例において夫が妻に手をあげることはないが妻の人格を否定するような言葉で罵倒している場合には、身体的には安全だが安心感はなく、心理的安全が脅かされている。

アタッチメント・システムの機能の一つは人が心理的安全感、すなわち安心感を得ることであり、安心感が得られると、危険にさらされて恐れを感じ高まっていた緊張が低減し、アタッチメント・システムの活性化水準が下がる。この時、通常の環境においてであれば、探索行動システムの活性化水準が上がる。[23]ちなみに、アタッチメント・システムも探索行動システムも、活性化水準が下がることはあってもゼロになることはない。アタッチメント・システムは行動として表れない場合にも消えることはなく、常に存在していると考えられている。

探索行動とは新奇刺激によって引き起こされる、新奇刺激に接近して情報を得ようとする行動である。エインズワース[23]は、母子の観察に基づいて、この現象を「母親を安全基地 secure base として用いて探索にでかける」と表現した。探索行動とは子どもの遊びに始まり、未知の領域に踏み出していくさまざまな行動、すなわち、学習や、創造的な行動をも含むものである。この探索行動システムもアタッチメント・システムと同様に、本能システムとして常に人間あるいは動物の中に存在していると考えられる。神経生物学者パンクセップ(24)が、脳の基本情動指令システムの一つとして提唱した、SEEKING（探索）システムは、この探索行動システムを包含するだろう。

そして、子どもの場合、探索行動システムの活性化水準が高まり、たとえば、母親に背を向けて新しい経験に夢中になり、探索行動をしている時に、何かに安全を脅かされることが起きると、アタッチメント・システムの活性化水準が上がり、母親に近寄って安心感を得ると、再び探索に向かう、という行動の循環（探索行動→アタッチメント行動→探索行動）が見られる。これは、公園などでしばしば観察される行動である。

エインズワースにならって、母親の例をあげたが、父親であれ、保育園の先生であれ、アタッチメント対象とのかかわりにおいては、一般的に、この安全基地としてアタッチメント対象を利用する行動が見られる。そして、大人になるにつれて、アタッチメント対象への接近方法は、物理的な直接的接近から、たとえば電話やメールでの間接的な接触も含むように広がっていく。また、心の中のアタッチメント対象の記憶が、内在化された安全基地として機能するようになる。

そして、安全基地の心理的安全性の程度と質は、探索行動システムが活性化する程度と質にかかわっている。たとえば、日曜日の昼下がりの公園で、三歳の子どもが砂場で遊んでいて父親はかたわらのベンチに座り、携帯メールで仕事の打ち合わせをしていたとしよう。子どもは父親という安全基地が目に見えるところにあるので、安心しており、アタッチメント・システムの活性化水準は低い。一方、子どもの探索行動システムの活性化水準は高く、父親に背を向けて砂場にトンネルを掘るのに夢中になっている。そこへ、体の大きな小学生たちがやってきて子どもの近くで相撲を始めた。子どもはおびえて父親のところに泣いて駆け寄る。すなわち探索行動システムの活性化水準が低下し、アタッチメント・システムの活性化水準が上がったのである。この時、父親がすぐに携帯メールを打つのをやめて子どもをしっかりと抱きあげてなだめ、公園の別の場所にある滑り台のところに連れていけば、子どもは心理的な安全感を得て、すぐに父親から離れて滑り台によじのぼり始めるかもしれない。すなわちアタッチメント・システムの活性化水準が下がり、探索行動システムの活性化水準が上がるだろう。

しかし、同じ状況で、父親が携帯メールを打つのに集中していて、泣いている子どものおびえた気持ちに気づかず、おなかがすいて泣いているのだろうと思ったとする。父親は、リュックの中からおやつを取り出して「これ食べてもうちょっと遊んでなさい」と子どもに渡して、携帯メールにすぐに戻る。子どもは、父親のそばにいれば少し安心なので、とりあえず泣きやんで渡されたおやつを食べるが、食べ終わると、「もう帰りたい」と言いはじめるかもしれない。父親は携帯メールに集中したまま半分上の空で「まだ早いからもうちょっと遊んできなさい。滑り台も好きだろう」と言う。この時、子どもの心理的安全感は十分には回復していない。すなわち、アタッチメント・システムの活性化の度合いが少しは下がったものの、遊ぶという探索行動システムの活性化水準が上がるほど低くはなっていない。そこで子どもは、「帰りたい、帰りたいの！」と父親にまとわりつくかもしれない。

アタッチメント・システムには子どもによる個人差もあり、それについては次の節で述べる。しかし、この例のように、アタッチメント対象が安全基地としてどのように機能するかという程度と質とは、子どものアタッチメント・システムと探索行動の活性化水準と大きくかかわっている。

次に、アタッチメント・システムのもう一つの機能は、アタッチメント対象となった個体の care giving 行動を引き起こすことである。先述の公園の親子の例における、父親が子どもを抱きあげてなだめる行動、おやつを与える行動が care giving 行動の例である。不安になっている個体のアタッチメント・システムの活性化水準が上がりその個体がアタッチメント対象に接近した時に、多くの場合、アタッチメント対象において care giving システムの活性化水準が上がる。

ところで、ボウルビィの『母子関係の理論』の第一巻(2)や、フォナギーの『愛着理論と精神分析』(25)において、care giving が「養育システム」と翻訳されている。アタッチメント対象を親などの養育者である場合に限定するならば、「養育システム」はふさわしい訳語であるといえよう。しかし、アタッチメント・システムは生涯にわたり、その対象を時には変化させつつ存在するものであり、親子関係に代表されるような養育関係に限定されるものではない。care giving についてボウルビィ(26)は、「近づいてくる（アタッチしてくる）人を保護するという、アタッチメント行動と相補的な機能を果たす行動である。一般的には親やその他の大人から、子どもや青年に向けられるが、健康を害している時や年をとった時などには特に大人から大人にも向けられる」と記述している。これを踏まえると、care giving に対しては、「養育」という訳語よりも『母子関係の理論』第三巻(4)において用いられた「保護」という訳語の方がふさわしいのではないだろうか。そこで、本書では、アタッチメント・システムの活性化水準の上昇に呼応して、アタッチメント対象の中で活性化水準が上昇する行動制御システムである care giving システムを「保護システム」と呼ぶことにする。

アタッチメント対象である個体の保護システムの活性化水準が上がる時、その個体は、接近し保護を求めてきた個体に対して、応答的な行動を取る。応答的な行動の基礎となるのは、サルや人間の場合には、共感である。人間には乳児期から感情の伝播が生じることが観察されており、近年の神経科学では、ミラー・ニューロンの働きにより、他者の動きを脳内で模倣する動きが生じるとされている。この感情の伝播が共感の基礎となると考えられる(27・28)。そして、アタッチメント対象となった個体は、アタッチメント・システムが活性化した状態で自分に接近してきた個体に対する共感を体験すると、保護システムの活性化水準が上昇する。その結果、アタッチメント対象は、接近してきた個体に向けて保護的な行動をすると考えられる。ただし、共感や保護システムの活性化は、個体が強いストレスにさらされているとか、他の何かに注意が集中したままであるなど、さまざまな条件によって阻害されることもある。たとえば、先の例で、公園で携帯メールに気をとられていた父親は、仕事に注意を集中していたために子どもに対する共感性が低い状態になっており、保護システムの活性化が低い水準にとどまったのである。このアタッチメント・システムの阻害については4章で論じる。

ボウルビィ(2)は、子どもの仲間同士の関係で生じることと、養育関係で生じることは質的に異なり、後者のみがアタッチメント関係であると述べた。しかし筆者は、養育関係で生じることが養育関係という縦の関係ではなく、友達同士、恋人同士という横の関係で顕著に起きはじめるのが思春期であると考えている。この点は、3章で論じる。

3　内的作業モデル

先ほど、ある個体がアタッチメント対象に接近した時に、多くの場合、アタッチメント対象において、保護（care giving）システムの活性化水準が上がり、接近してきた個体に保護的な行動が向くと述べた。しかし、実際には、個体のアタッチメント対象への接近の仕方や、接近される対象の状態や特性により、保護システムの活性化には量的、質的にかなりのばらつきが生じる。たとえば、二歳の子どもが見知らぬ大人の来訪者におびえてアタッチメント・システムの活性化水準が上がり、アタッチメント対象である母親に接近するとする。子どもの接近の仕方は、泣いて母親にしがみつくというもの、おびえた表情で母親をじっと見るというものなどさまざまであろう。また、子どもが接近した時に母親から得られる保護の量は、ほどよい場合もあれば、母親が他のことに気をとられていて不十分または皆無の場合もあれば、逆に、子どもが必要とした以上の過剰な量である場合など、さまざまであろう。また、保護の質も、子どもを抱きあげてあやすという穏やかなもの、子どもを抱きあげるが来訪者との会話に熱中するという機械的なもの、来訪者をピシャリと追い返すという荒々しいものなどさまざまであろう。

ボウルビィ[3]は、アタッチメント・システムの活性化水準が上がった時のこのような多様な経験により、個人の中に形成されるアタッチメント対象の利用可能性（availability）の予測が個人の恐怖に対する敏感性を左右すると論じた。この利用可能性は、近接可能であること（accessible）と応答性があること（responsive）を含む。アタッチメント対象の「近接可能性」とはアタッチメント対象に物理的に近づけるかどうか、接触が可能かどうかである。「応答性」とは、恐怖におびえたり不安になったりしている事態を、アタッチメント対象が過剰にでも過小にでもなく適切に理解し、自分の感情に共感し、おびえや不安をしずめるような行動や言葉かけをしてくれるかどうか、ということである。アタッチメント対象の「利用可能性」とはこの二つをかねそなえたものであり、危険にさらされたり危機的な状況で恐怖や不安を感じたりした時にアタッチメント対象に近づいて接触することができ、かつ、アタッチメント対象が自分の感情に対して共感し、適切なかかわりをして恐怖や不安をしずめ、安心できるような働きかけをしてくれる可能性である。エインズワース[23]は、アタッチメント対象の単なる不在ではなく、利用可能性の欠如、すなわち、近づける可能性が感じられず、そして／または、応答性がない時に、「分離不安 separation anxiety」が生じると述べている。

さらにボウルビィ[29]は、(1) アタッチメント人物が望む時には利用可能であるという確信を持つ人はそのような確信を持たない人に比べて強いあるいは慢性的な恐怖に陥る傾向が低い、(2) そのようなアタッチメント人物の利用可能性についての確信は乳児期から青年期（ボウルビィはほぼ一五歳までと述べたが、この年齢は時代により社会により違いがあるだろう）という未成熟な時期に徐々に形成され、その期待はその後一生を通じて比較的変化することなく持続する、(3) 未成熟な時期に発達する期待はその人の実際の経験をかなり正確に反映している、という三つの仮説を提示した。そして、アタッチメント人物の利用可能性についての期待あるいは確信を「作業モデル」という概念に結実させた。

ボウルビィ[30]は、作業モデルを、脳と行動に関する生物学者であるヤング（一九六四）の知見を参照しつつ、本能的行動システムに必要なモデルとして以下のように概念化した。動物がある場所から別の場所に移動する時には環境の認知地図を持っていると考えられる。これに対して、人間の環境についての知識は、認知地図のように静的なものでは不十分であり、頭の中で小規模な実験をするような「作業モデル」を脳の中に持つと仮定される。その内的作業モデルは、行動の設定目標がどのように達成されるかということについての予測を助ける情報を伝え、貯え、操作する。

当初、ボウルビィ[30]は内的作業モデルを「環境についてのモデル」と「有機体についてのモデル」と呼び、これら二つのモデルが効果的であるためには、常に改訂が必要であると述べた。そして、大きな変化、たとえば結婚、出産、不幸などが生じる場合にはモデルには急激な変化が要請されると述べた。

その後、ボウルビィ[31]は、内的作業モデルの概念をアタッチメント関係に限定して次のように精緻化した。「世界の作業モデルにおいて重要な点は、その人の愛着《アタッチメント》人物たちがだれであり、その人物たちがどこにいるか、その人物たちにどのような反応を期待できるか、についてのその人の考えである。同様に、ある人が自己について構築する作業モデルにおいて重要な点は、自分自身が自分の愛着《アタッチメント》人物たちの目にどのように受容されているか、あるいは受容されていないか、についてのその人の考えである。このような相補的な二つのモデルの構造を基礎として、人は愛着《アタッチメント》人物たちに助けを求める場合、彼らはどのように接近しやすく、しかも応答してくれるかを予測するのである」。このようなアタッチメントに関する内的作業モデルは、アタッチメント対象に対する期待の表象モデルと自分に対する期待についての予想の表象モデルである。これらは、ボウルビィの出自であるところの対象関係論の他者表象、自己表象の概念に対応している。スターンはボウルビィのアタッチメント理論を、規範的かつプロスペクティブな理論と位置付け、自らの自己感の発達理論や相互交流の表象理論とアタッチメント理論の共通性を論じている[32]。精神分析理論の諸概念とアタッチメント理論の諸概念の対応については、フォナギー[25]が展望している。

ブラゼルトンとマンホランド[33]は、「自己とアタッチメント対象についての内的作業モデルは、未だ全貌が明らかになってはいない多層的な表象のネットワークの一部である」「内的作業モデルの象徴的な相互作用には、他者との内的な対話ないし相互作用である部分もある。このような、内的作業モデルの相互作用には、防衛的機能にも、肯定的な自己の拡張機能（positive self-enhancing）にもなるような調整機能があり、それによって人は、社会と共有する現実や意味を創生する」と言う。ここで言う肯定的な自己拡張機能は、適応的な自己の成長をもたらす機能と言い換えられるだろう。

このブラゼルトンらの記述とボウルビィの内的作業モデルについての記述から、筆者は、人間の内的作業モデルは、本能的システムとしてのアタッチメント・システムと連動して起動するミーム複合体であり、後天的に他者との関係の中で形成されたものであると考える。

内的作業モデルは、アタッチメント対象を同定する識別ミームであり、危機にさらされた時の行為に関する戦略ミームであり、世界・他者・自己と信頼感あるいは不信感をつなぐ関連づけミームである。ブロディ[34]によると、識別ミームとは、人間が現実を認識するために区別をするためのミームであり、戦略ミームとは、人間が行動の戦略を立てるための予想のミームであり、関連づけミームとは、ミーム間のつながりを作るプログラムとしてのミームである。

生物学的にプログラムされたアタッチメント・システムは、ミームやストレスなどによって起動を妨げられることはあるが、先述のように、動物としてのヒトには必ず備わっていると考えられる。一方、ミームである内的作業モデルは、人間が生きていく中でアタッチメント・システムの活性化のさまざまな経験の中で形成され、さらに経験に伴って少しずつ変化する。心理療法が力を発揮するのは、その人の内的作業モデルというミームを変化させることにおいてであり、そのヒトに生物学的にプログラムされたアタッチメント・

システムにおいてではないと考える。

ちなみに、ミームは心の中の情報単位であり、たとえば認知行動療法が対象とする認知や行動や信念のような限定されたものではない。ミームは意識されたり言語化されたり行動に表現されたりする情報以上の、無意識であったり言語化されなかったりする情報も含んでいる。そして、意味記憶・手続き記憶・エピソード記憶として人間の中に蓄積する。たとえば、母親の目尻がわずかにひきつることが母親の不機嫌のサインであり、これ以上接近するとまずいことになる、という情報は、意識化も言語化もされないままに子どもの中にミームとして伝わる。

内的作業モデルの概念は、その表現型である行動を直接的・間接的に測定することを可能にし、アタッチメント研究の歴史の中で質問紙法、投影法、半構造化面接法、実験など多くの研究方法を生み出した。そして、それらの方法により、アタッチメントの内的作業モデルが測定され、個体差の分類が行われた。このアタッチメントの内的作業モデルの個体差を以下では「アタッチメントの個体差」と呼ぶ。そして、アタッチメントの個体差の分類を独立変数として、精神病理や現実適応や養育行動や対人関係など、さまざまな従属変数との関連が検討されてきた。数井・遠藤[5]、プライアとグレイサー[35]にこれらの研究のレビューがなされている。

言わずもがなのことだが、精神分析における「超自我」「自我」「エス」などの人格構造についてフロイトが作った概念群は仮説である。初学者の中には、「超自我の発達」「自我の境界」「エスをコントロールする」などの用いられ方に接して、あたかもそれぞれ実体があるかのように錯覚する人もいるようである。精神分析を神経心理学によって基礎づける営み[36]もあるが、概念は、人間の行動や感情の動きを理解するための道具であり、あくまでも仮説であり、ミームである。この「内的作業モデル」の概念も、そのような人間理解の道具の一つであるということを忘れないでおきたい。言い換えると、この内的作業モデル概念は、内的作業モデルそのものがアタッチメント・システムと連動して起動するミームであると同時に、心理学者にとっては研究の道具としてのミームなのである。

4　アタッチメントの内的作業モデルの個体差

ボウルビィのアタッチメント理論は、アタッチメントの内的作業モデルの個体差を、子どもを対象に開発された、エインズワースの新奇場面法（Strange Situation Procedure; 以下、ＳＳＰ）により測定し、子どものアタッチメントの型を分類することによって、大きく発展した。[23] プライアとグレイサー[37]の記述に基づいてその手続きを紹介する。

ＳＳＰは、九カ月から一八カ月の乳幼児を対象とする、構造化された手続きで、一連の三分間のエピソードから構成される。エピソードが進むにつれて子どもへのストレスが徐々に増大するようになっている。これらのエピソードは子どもの愛着《アタッチメント》システムを活性化し、子どもの反応を観察できるように考案されている。

エピソード1　三〇秒　観察者は、母親と幼児を実験室に導き入れて、退出する。

エピソード2　三分間　幼児が遊んでいる間、母親は遊びに参加しない。二分後、必要であれば元気づけて遊ぶように促す。

エピソード3　三分間　見知らない人が入室する。最初の一分間　見知らない人は黙っている。次の一分間　見知らない人は母親と会話をする。最後の一分間　見知らない人は幼児に接近する。三分経ったら、母親は（子どもに気づかれないように）そっと退出する。

エピソード4　（最長）三分間　最初の分離のエピソード。見知らない人の行動が幼児に向けられる。幼児が過度に苦痛を示した場合は、エピソードの時間が短縮される。

エピソード5　三分以上　最初の再会エピソード。母親は子どもにあいさつしたり、慰めたりする。そして、子どもを再び遊びに取り組ませようとする。そして、母親は「バイバイ」と言って退出する。子どもが遊びに再度没頭できるようになるためにもっと時間が必要な時は、エピソードの時間が延長される。

エピソード6　（最長）三分間　二番目の分離エピソード。子どもだけ。幼児が過度に苦痛を示した場合は、エピソードの時間が短縮される。

エピソード7　（最長）三分間　二番目の分離エピソードが継続したままで、見知らない人が入室する。そして、子どもに合わせて行動する。幼児が過度に苦痛を示した場合は、エピソードの時間が短縮される。

エピソード8　三分間　二度目の再会エピソード。母親が入室し、子どもにあいさつし、抱き上げる。その間に、見知らない人はそっと退出する。

これは実験室で行われ、実験室には子どもが没頭できるように玩具が備え付けてある。実験室には通常、訓練を受けた観察者が子どもと母親や実験者とのやりとりをコード化できるようにマジック・ミラーが備え付けてある。しかし、エピソードであったすべてのことはビデオ録画もする。やりとりは、次の観点からコード化される。それは、子どもが探索をどのくらいするか、分離に苦痛や苦悩をどのくらい示すか、そしてもっとも重要なのが再会時に子どもがどのような行動を見せるか、である。

母親だけでなく、父親やその他の養育者を対象にしたSSPも数多く行われており、SSPは、一般的に幼児のアタッチメント関係の個体差を捉える方法として確立している。

エインズワース[22]は、SSPによって、子どものアタッチメントの質を評定し、その結果を安定型（secure）、不安定－回避型（insecure-avoidance）、不安定－両価型（insecure-ambivalence）の三つの型に分類した。その後、メインとソロモン[38]により不安定－無秩序型（insecure-disorganized）という第四の型が抽出され、現在は四つの型に分類される。各型についてストレンジ・シチュエーションにおける子どもの行動特徴と、養育者の日常のかかわり方を遠藤[39]に基づいて記述する。

A型（不安定－回避型）の子どものSSPにおける行動特徴　養育者との分離に際し、泣いたり混乱を示したりということがほとんどない。再会時には、養育者から目をそらしたり、明らかに養育者を避けようとしたりする行動がみられる。養育者が抱っこしようとしても子どもの方から抱きつくことはなく、養育者が抱っこするのをやめてもそれに対して抵抗を示したりはしない。養育者を安全基地として（養育者と玩具などの間を行きつもどりつしながら）実験室内の探索を行うことがあまり見られない（養育者とはかかわりなく行動することが相対的に多い）

A型（不安定－回避型）の子どもの養育者の日常のかかわり方　全般的に子どもの働きかけに拒否的にふるまうことが多く、他のタイプの養育者と比較して、子どもと対面しても微笑むことや身体接触をすることが少ない。子どもが苦痛を示していたりすると、かえってそれを嫌がり、子どもを遠ざけてしまうような場合もある。また、子どもの行動を強く統制しようとする働きかけが多く見られる。

B型（安定型）の子どものSSPにおける行動特徴　分離時に多少の泣きや混乱を示すが、養育者との再会時には積極的に身体接触を求め、容易に静穏化する。実験全般にわたって養育者や実験者に肯定的感情や態度を見せることが多く、養育者との分離時にも実験者からの慰めを受け入れることができる。また、養育者を安全基地として、積極的に探索活動を行うことができる。

B型（安定型）の子どもの養育者の日常のかかわり方　子供の欲求や状態の変化などに相対的に敏感であり、子どもに対して過剰なあるいは無理な働きかけをすることが少ない。また、子どもとの相互交渉は、全般的に調和的かつ円滑であり、遊びや身体接触を楽しんでいる様子が随所にうかがえる。

C型（不安定－両価型）の子どものSSPにおける行動特徴　分離時に非常に強い不安や混乱を示す。再会時には養育者に身体接触を求めていくが、その一方で怒りながら養育者を激しくたたいたりする（近接と怒りに満ちた抵抗という両価的な側面が認められる）。全般的に行動が不安定で随所に用心深い態度が見られ、養育者を安全基地として、安心して探索行動を行うことがあまりできない（養育者に執拗にくっついていようとすることが相対的に多い）。

C型（不安定－両価型）の子どもの養育者の日常のかかわり方　子どもが送出してくる各種アタッチメントのシグナルに対する敏感さが相対的に低く、子どもの行動や感情状態を適切に調整することがやや不得手である。子どもとの間で肯定的な相互交渉を持つことも少なくはないが、それは子どもの欲求に応じたものというよりも養育者の気分や都合に合わせたものであることが相対的に多い。結果的に、子どもが同じことをしても、それに対する反応が一貫性を欠くとか、応答のタイミングが微妙にずれるといったことが多くなる。

D型（不安定－無秩序・無方向型）の子どものSSPにおける行動特徴　近接と回避という本来ならば両立しない行動が同時的に（たとえば顔をそむけながら養育者に近づこうとする）あるいは継時的に（たとえば養育者にしがみついたかと思うとすぐに床に倒れ込んだりする）見られる。また、不自然でぎごちない動きを示したり、タイミングのずれた場違いな行動や表情を見せたりする。さらに、突然すくんでしまったりうつろな表情を浮かべつつじっと固まって動かなくなってしまったりするようなことがある。総じてどこへ行きたいのか、何をしたいのかが読みとりづらい。時折、養育者の存在におびえているような素振りを見せることがあり、むしろ初めて出会う実験者等に、より自然で親しげな態度を取るようなことも少なくない。

D型（不安定－無秩序・無方向型）の子どもの養育者の日常のかかわり方　D型の子どもの養育者の特質に関する証左はまだ必ずしも多くはないが、D型が被虐待児や抑うつなど感情障害の親を持つ子どもに多く認められることから以下のような養育者像が推察されている。（多くはトラウマ体験など心理的に未解決の問題を抱え）精神的に不安定なところがあり、突発的に表情や声あるいは言動一般に変調を来し、パニックに陥るようなことがある。言い換えれば子どもをひどくおびえさせるような行動を示すことが相対的に多く、時に、通常一般では考えられないような（虐待行為を含めた）不適切な養育を施すこともある。その一方で、通常はおとなしく、子どもに粗暴なふるまいを示すこともほとんどないが、ストレスに対してきわめて脆弱で無力感に浸りやすく、情緒的に引きこもりやすい養育者像も想定されている。

遠藤[39]はこの四つの型の子どもについて、内的作業モデルという観点から、次のようにまとめている。

A型（不安定－回避型）の子どもは「自分は拒絶される存在である」「自分が近づこうとすれば他者は離れていこうとする」といった主観的確信からなるモデルを形成し、結果的に養育者との最低限の近接関係および安全の感覚を得るために、あえてアタッチメントのシグナルを最小限に抑え込む、すなわち回避的なふるまいを見せることになるのだろう。

B型（安定型）の子どもは「自分は受容される存在である」「他者は自分が困った時には助けてくれる」といった内容のモデルを形成するため、養育者のふるまいに確かな見通しを持つことができ、結果的にアタッチメント行動が全般的に安定し、たとえ一時的に分離があっても再会時には容易に立ち直り安ど感に浸ることができるのだと考えられる。

C型（不安定－両価型）の子どもは「自分はいつ見捨てられるかわからない」「他者はいつ自分の前からいなくなるかわからない」といった内容のモデルを形成しやすく、結果的に養育者の所在やその動きにいつも過剰なまでに用心深くなり、できる限り自分の方から最大限にアタッチメント・シグナルを送出することで養育者の関心を絶えず自分の方に引き付けておこうとするようになるのだと解し得る。この型の子どもが、再会場面で養育者に怒りをもって接するのは、またいつふらりといなくなるかもわからない養育者に安心しきれず、怒りの抗議を示すことで何とか自分がまた一人置いていかれることを未然に防ごうとする対処行動のあらわれとみなすことができる。

内的作業モデルは、精神分析の概念の中で、対象関係論の概念としては自己表象、他者表象に該当し、自我心理学の概念としては自我機能の一部（現実を知覚し、予測し、行動を選択する）に該当する。そして、この内的作業モデルには、自我機能の中の連動する別の部分として、アタッチメント対象との関係における感情制御方略、精神分析の概念でいえば防衛機制が伴っている。A型の子どもは不安や怒りの感情をかなり強く抑制し、意識から排除するという感情制御の方略を用い、防衛機制としては、否認（Denial）、抑圧（Repression）、感情の隔離（Isolation）などを主に用いていると考えられる。B型の子どもは、養育者が不在の際に実験者の慰めを受け入れることにおいては、不安や怒りを適度に抑制し防衛機制として抑圧（Repression）を用いていると考えられるが、養育者との再会に際してその抑圧はスムーズに解除されるところから、さほど強い抑圧ではないと考えられる。C型の子どもは、感情を制御する力が弱く、防衛機制として、投影（Projection）、行動化（Acting out）を主に用いていると考えられる。

遠藤[40]は以下のように述べている。

ＡＢＣいずれも、特定の養育環境に対する特異的な適応方略（Sroufe, 1988）と見ることができ、少なくとも近接関係の確立・維持という究極のゴールからすれば、それぞれが明確に「組織化され（organized）」、それなりに有効に機能している可能性が高い（e.g. Main, 1991）。これに対して、Ｄ型の子どもは、近接関係の確立・維持および主観的安全の確保というゴールに適わないという意味で、まさに組織化されておらず（disorganized）、明確な方向性を持たない（disoriented）アタッチメントということになる。何か危機が生じた時に本来逃げ込むべき安全基地であるはずの養育者自身が、子どもに危機や恐怖を与える張本人でもあるという、ある意味きわめてパラドクシカルな状況において、子どもは、養育者に近付くこともまた養育者から遠退くこともできずに、結果的に呆然とうつろにその場をやり過ごすしかないということになってしまうのだろう。

すなわち、Ｄ型の子どもの内的作業モデルは、矛盾をかかえ、混沌として組織化されず、したがって、アタッチメント・システムのゴールをうまく達成できないモデルであると考えられる。これは、対象関係論の概念でいえば、良い自己と悪い自己、良い他者と悪い他者が分裂した、分裂－妄想体制の状態であるといえよう。そして、自我心理学の概念でいえば、アタッチメント・システムと関連する自我機能の発達が阻害され、現実的な知覚が歪められ、予測がうまくできず、適切な行動の選択もできないという状態であるといえるだろう。また、これに連動して、自我機能の一部である感情制御の方略も発達が阻害され、矛盾し、混沌として組織化されないままであり、防衛機制としては、解離（Dissociation）、分裂（Splitting）、投影性同一視（Projective identification）、否認（Denial）、行動化（Acting out）などの原初的な防衛機制が用いられていると考えられる。

遠藤[41]によると、Ｄ型の子どもは、三歳前後くらいからは、その認知能力の高まりとともに、そうした予測不可能で混沌とした状況に自ら対処しようとしはじめ、五歳から六歳ごろには、養育者を過度に気遣い、さまざまな世話をしようとする世話型、養育者に対してひどく懲罰的・高圧的あるいは侮辱的にふるまおうとする懲罰型などの、養育者との役割の逆転を図り、環境を統制しようとする行動を見せるようになることが多いという。プライアとグレイサー[42]によると、これらの統制型の子どもの行動は基本的に体制化（organized）されているが、物語完成課題や人形遊びでは、大惨事や無力感がテーマであったり遊びをまったく示さなかったりというように、基底にある表象は体制化されていないままであることが示唆されているという。すなわち、行動が体制化されても、表象、すなわち内的作業モデルは混乱したままであることが示唆されている。

内的作業モデルや表象が物語完成課題や人形遊びなどの投影法によってどこまで測定できているのかという妥当性の問題はあるが、内的作業モデルや表象は「内的」であるからには、間接的に測定するしかない。投影法により表現されるものは、子どもの中の特定の刺激に対する反応として優勢なミームの一つであり、子どもの認知する現実、子どもが記憶し予測する現実の一端を示しているといえよう。

すなわち、D型（不安定－無秩序型）で懲罰型の子どもは、現実の養育者との関係において、否認と脱価値化（devaluation）の防衛機制を用いることで怒りを一見体制化（組織化）された方略により発散し、処理しているのだろう。しかし、その怒りの表現は自信に裏付けられたものではなく、背後にあるのは、「人は、いや、世界はあてにならない、恐ろしいものである」という世界に対する基本的不信感とも言うべき恐れと無力感の混在した内的作業モデルであろう。しかし、一方で、懲罰型の、養育者との役割逆転の関係は、攻撃や統制という形をとったアタッチメント欲求による接近である可能性もある[43]。

また、D型（不安定－無秩序型）で世話型の子どもも役割逆転をしている点では、懲罰型の子どもと同様である。現実の養育対象との関係においては、怒りを抑圧したり否認したりしつつ、反動形成（reaction-formation）と投影性同一視により養育者を世話することで自らの世話をされたい欲求を満たし、良い自己表象と他者表象を保つ、一見体制化（組織化）された方略を取っているのだろう。この「世話」はエセ愛他主義（pseudo-altruism）と呼ばれる防衛機制に該当する。面倒みのよい、優しい、一見「良い」世界の背後には、やはり恐れや無力感、そして怒りが混沌としている内的作業モデルがあると考えられる。境界性パーソナリティ障害の人で援助職についている人の中にこのようなタイプの人がいる。そういう人は、その優しく熱心な仕事ぶりの一方で、自分の「世話」を拒否されたように感じると突然攻撃性を露わにして周囲を驚かすことがある。防衛がほころびると、混沌とした怒りの世界がむき出しになるのだろう。

ＳＳＰによるアタッチメントの個体差の分類から、アタッチメントの内的作業モデルの個体差を見てきた。内的作業モデルは、自己表象、他者表象と言っても、その中に、アタッチメント・システムが起動している時の、アタッチメント行動およびアタッチメント対象の保護的な行動の予想を含む動的な相互作用モデルとしての「自己表象」「他者表象」である。そして、そのモデルは、アタッチメント・システムが起動している事態における、その事態の知覚、感情的反応、防衛機制の起動、情報処理、事態の推移の予測、行動の選択などさまざまな要素から構成されていると考えられる。これらの要素は自我心理学における自我機能に該当する。モデルを構成する要素については、２章で論じる。

5　アタッチメントの内的作業モデルの型の形成

ある子どものアタッチメントの内的作業モデルの型はどのようにして形成されるのだろうか？　考えられる要因としては、他のさまざまな心理的な特徴と同様に、いくつかの視点、すなわち、生来の要因と生後の経験の影響、身体的な要因と社会的要因、内的要因と外的要因、そしてそれらの相互作用が考えられる。ブリッシュ[44]は、単一モデルではなく、複数要因的、循環的、交互作用モデルを想定するべきである、と述べている。

生来の要因としては、乳児の気質といわれるものや遺伝的特質が、これまでの研究の中で検討されてきた。遺伝的特質については、遺伝の影響があるという説とないという説の双方の主張をそれぞれ裏付ける実証研究が出されている段階であり、論争は未解決のままである(45)。

生後の経験の影響としては、前節に述べた子どもの養育者のかかわり方の特徴などから、アタッチメント対象、特に母親の敏感性や応答性に焦点をあてた研究が多くなされてきた。しかし、乳児の愛着《アタッチメント》に対する親の先行要因に関する、母子ペアが関わる研究のメタ分析や、母親の応答性と乳児の愛着《アタッチメント》との間のリンクの研究の結果からは、母親の感受性や応答性と、幼児のアタッチメントの型との明確な関連性は見出されていない(46)。

アタッチメントの型を形成する要因の研究として、アタッチメント対象が母親である場合に焦点をあてたものが多い。これは、研究が行われている国々において幼児期における主な養育者が母親であることが圧倒的に多いためであろう。

一方、プライアとグレイサー(47)は以下のように述べている。

母親と父親とのそれぞれに対する愛着《アタッチメント》と子どもの有能さとの関連を検討した他の多くの研究は、それぞれの愛着《アタッチメント》が互いに独立したものであることを示唆している。たとえば、メイン他（二〇〇五）によると、知らない人への友好性はよちよち歩きのころの父親への愛着《アタッチメント》がもっともよく説明していたが、六歳のころの父子関係では説明できなかった。一方、母子間のアタッチメントと父子間のアタッチメントに相互の関連があるという研究もある。

これに関連する問題として、複数のアタッチメント対象の構造化、すなわち、一人の人間の複数のアタッチメント対象の内的表象間の関係がそのどのようになっているかという問題がある。ボウルビィは主要なアタッチメント対象があり、二次的なアタッチメント対象が明確な選好的階層の中に表象される、という階層的な構造を仮定した。[48] 一方、すべてのアタッチメント関係はネットワークを作っており、一つの表象の中に統一されるという統合的構造の仮説もある。[49] どのようにしてアタッチメントの型ができていくのかについてはこれからの研究が待たれる領域である。

いずれにせよ、ブリッシュ[50]によれば、少なくとも一名の利用可能なアタッチメント対象者がいれば、その人が保護要因となり、ストレスに直面した子どもはさらなる症状を形成することを防ぎうる。これは、主要なアタッチメント対象、たとえば母親が、死亡・病気・けが・その他、何らかの事情でアタッチメント対象としての利用可能性が低くなったあるいは無くなった状況において、周囲の人の中で誰かがアタッチメント対象として利用可能であれば、子どもは守られるということである。

そして、アタッチメント関係が安定的なものであることが、子どもの発達を促進し、ストレスから保護するという見地から、親子関係への早期介入の試みがさまざまになされ、その効果の実証研究が報告されつつある。[51] 子どもの発達を支える意味では早期介入は重要なテーマだが、本書の関心は、思春期におけるアタッチメントと心理療法にある。ここでは、思春期における介入において幼児期の親子関係についての情報が不可欠であるという常識を確認するにとどめたい。ただし、子どものころのアタッチメントの型の継続する割合は六割から七割であることから、[52] 思春期青年の子どものころのアタッチメントの型を、たとえば、親から得た情報などから推測してそのまま、それがその青年の現在のアタッチメントの型であると決めつけないことも重要である。

次に、アタッチメントを形成する、ストレスとなる環境要因として注目されているのは、ブリッシュ[53]によると、家族における大人同士の不和や虐待などの家族内の関係性、養育者のいずれかに精神医学的な障害や逸脱行動が存在すること、異常な環境に直面していること、自己価値観が低下する出来事の経験、また、社会的危険因子として「迫害や差別」や「移民や非自発的な社会的移民」などである。社会的危険因子とアタッチメントの型の形成について組織的に報告された著名な例として、ルーマニアの孤児たちの追跡研究(54)がある。

ストレスとなる環境要因は裏を返せば、安定型のアタッチメントの形成に寄与する要因である。それらは、家族内の調和した愛情のある関係性、アタッチメント対象の精神的な健康さ、自己価値観を支持する出来事、安定した社会、ということになるだろう。もちろん、それらすべてがそろった幸運な場合でないと安定したアタッチメントの型が形成されないわけではまったくない。どれかが欠けていたとしても、アタッチメント対象の自我の強さと安定したアタッチメント・スタイルがあれば、安定型のアタッチメント形成は可能である。突如として逆境におかれた主人公が安定したアタッチメント関係に支えられて生き抜くというストーリーは、人々が好む「感動の物語」であり、小説や映画やテレビドラマやアニメなどとして巷にあふれている。アタッチメントがともすると愛情と混同されやすいのは、それらのストーリーの中で安定したアタッチメント関係が親子や恋人や友人の「愛情」という光のもとで描かれているためもあるかもしれない。

6　アタッチメントと適応

プライアとグレイサー(55)は、アメリカのミネソタで一九七五年に開始されて現在にいたるまで継続している、ハイ・リスクのサンプルである、貧困層で低い教育程度でシングル・マザーが多くを占めている母子二六七組の縦断研究と、ドイツのビーレフェルトで一九七六年から一九七七年に開始された縦断研究とレーゲンズブルグで一九八九年に開始された縦断研究をはじめ、多くの研究を紹介している。それらから全体として、安定型のアタッチメントと子どもの社会的な適応に関連すると思われる機能（状態）の良さとの相関、不安定型のアタッチメントと社会的な不適応に関連すると思われる問題と相関が数多く報告されているという。

ここで、誤解のないように確認しておきたいが、ある個人が「安定型」（secure）のアタッチメント・スタイルであるということは、動かないとか崩れにくいという意味の「安定」ではなく、危機的な状況において、アタッチメント・システムの活性化水準の上昇に応じてアタッチメント欲求が上昇し、アタッチメント対象に接近するというアタッチメント行動ができて、その結果、アタッチメント対象から保護的な行動を引き出すことに成功し、安心できることが多いということを指している。「不安定型」（insecure）のアタッチメント・スタイルであるということは、危機的な状況において、アタッチメント・システムの活性化水準が上昇してもアタッチメント欲求が意識的に抑制されたり無意識的に抑圧されたりして抑え込まれるか、あるいは逆に過剰に高まるために、適切なアタッチメント行動を取ることができず、接近を回避したり、過剰な接近をしたりし、その結果、アタッチメント対象から保護的な行動を引き出すことに失敗し、安心できないことが多いということを指している。

安定型のアタッチメントと社会適応との関連については相関関係が報告されている。たとえば、プライアとグレイサー[56]によると、「安定型のアタッチメントの二歳の子どもは、母親と一緒に課題をする自由遊びにおいて、熱狂、素直さ、ポジティブな感情、感情の共有をより多く示した。また、より複雑な象徴遊びを長く行った。また、道具を粘り強く使用する、目標志向性や達成志向性を示す、競争ゲームをする時により努力する、ポジティブな方法で注意を引こうとする、などの特徴がみられた」。

さらに、安定型のアタッチメントの青年は、アタッチメント対象とのネガティブな経験についてどう思うかと問われた時、ポジティブな防衛（内省性、利他性、ユーモアなど）をすることが有意に多く示されていた[57]。

一方、早期の不安定型のアタッチメントとその後の情動面・行動面での問題も示唆されている。たとえば、早期に不安定－回避型のアタッチメントであったことと、児童期の攻撃性の相関が示されているという。また、早期に不安定－両価型のアタッチメントであったことと、一七歳の時点での不安障害の診断との相関が示されているという。(53)

遠藤(58)によると「近年、多くの研究者が精神病理や問題行動の発生という視点からして本質的に重要なのは、アタッチメントが安定しているか否かではなく、むしろ、組織化されているか否かであるという認識を固めつつある。発達早期にアタッチメントが組織化されていないという特徴が、その後の認知・行動上の問題や精神病理をかなり長期に予測するという知見が得られている」。

ボウルビィ(3)は、不安定性のアタッチメントが、抑うつや恐怖症や分離不安に陥りやすいパーソナリティを発達させることをさまざまな事例を紹介しながら論じている。しかし、ホームズ(1)が批判するように、その関係はそれほど直線的で単純なものではなく、幼児期以降の出来事、社会的環境などの外的要因も精神発達や適応に影響を与えるだろう。

アタッチメントと精神病理については、北川(59・60)がAAI（Adult Attachment Interview）を用いた研究を中心にレビューをまとめ、「特定の病理とAAIの分類型との対応は必ずしも明確でないが、一貫していえるのは、臨床群におけるF安定自律型の少なさとU未解決型の多さである」と述べている。

続いて北川(59)は、質問紙研究もあわせてレビューした上で、否定的な自己表象とうつの関連が認められ、他者依存的なうつとアタッチメントのとらわれ型（両価型）との関連がみられたとしながらも、自立・自己批判的なうつについてはアタッチメントとの関連がまだ明確ではないと述べている。

ビフィルコら(61)は、次章に述べるアタッチメント・スタイル・インタビューを用いた研究を用いて産後うつ病の研究を行った。この研究においてビフィルコらは、アタッチメントの型とうつ病との関連の先行研究の中にある混乱について整理し、新たなアタッチメントの分類軸を提唱した上で、アタッチメントが不安定であることとうつ病の発症とに関連があることを見出した。

ここまでは、主にエインズワース、メインらのSSPの分類に基づく研究の流れを中心に見てきた。一方、バーソロミューら[62]、ビフィルコら[63]は、青年期以上の成人を対象とする質問紙研究、面接法による研究の中で、独自のアタッチメント・スタイルの分類を発展させた。

アタッチメント・システムおよび内的作業モデルの個体差の分類とその測定法は、内的作業モデルの構造に関する仮説と密接に関係している。従来、精神病理とアタッチメントの関係を検討するに際して、養育者との関係を中心に自己表象、他者表象の凝集性、信頼感を中心に構造化されてきた内的作業モデルが用いられてきた。たしかに養育者の表象は精神病理との関連が深い。たとえば、ウッドハウスら[64]は、平均一七歳の青年一〇八人を対象とした研究において、親を安定的な安全基地と認知していることが、配偶者を安全基地と認知することおよび精神病理学的な症状が少ないことと相関していたと述べている。

しかし、思春期以降、養育者以外のアタッチメント対象との関係が重要になってくることから、従来の内的作業モデルの再検討が必要であると思われる。そこで、次章では、アタッチメントの測定法と内的作業モデルの構造について見ていこう。

文　献

（1）Holmes, J. 1993. *John Bowlby and Attachment Theory*. Routledge, New York.（黒田実郎・黒田聖一訳『ボウルビィとアタッチメント理論』岩崎学術出版社、東京、一九九六年）
（2）Bowlby, J.1969, 1982. *Attachment and Loss. vol.1: Attachment*. Hogan, London.（黒田実郎・大羽蓁・岡田洋子・黒田聖一訳『母子関係の理論　I 愛着行動』岩崎学術出版社、東京、一九九一年）

（3）Bowlby, J. 1973. *Attachment and Loss. vol. 2.: Separation.* Hogan, London.（黒田実郎・岡田洋子・吉田恒子訳『母子関係の理論 II 分離不安』岩崎学術出版社、東京、一九九一年）
（4）Bowlby, J. 1980. *Attachment and Loss. vol. 3: Loss.* Hogan, London.（黒田実郎・吉田恒子・横浜恵三子訳『母子関係の理論 III 対象喪失』岩崎学術出版社、東京、一九九一年）
（5）数井みゆき・遠藤利彦編『アタッチメント――生涯にわたる絆――』ミネルヴァ書房、京都、二〇〇五年
（6）遠藤利彦「アタッチメント理論の基本的枠組み」前掲書5、一―三一頁
（7）Bowlby, J. 1969, 1982. *Attachment and Loss. vol I:* Attachment. Basic Books, New York. p.207.
（8）Solms, M. & Turnbull, O. 2002. *The Brain and the Inner World－An Introduction to the neuroscience of subjective experience.* Other Press, New York.（平尾和之訳『脳と心的世界』星和書店、東京、二〇〇七年）邦訳一八四―一九三頁
（9）Freud, S. 1940. An Outline of Psycho-Analysis. *The Complete Psychological Works of Sigmund Freud.* 23. Hogan, London. p.188.
（10）丹羽淑子『母と乳児のダイアローグ――ルネ・スピッツの乳幼児心理臨床の展開――』山王出版、東京、一九九三年
（11）Dawkins, R. 1989. *The selfish gene.* Second edition. Oxford University Press, New York.（日高敏隆・岸由二・羽田節子・垂水雄二訳『利己的な遺伝子（増補新装版）』紀伊國屋書店、東京、二〇〇六年）
（12）Bloom, P. 2004. *Decartes' Baby: How the Science of Child Development Explains What makes Us Human.* Basic Books, New York.（春日井晶子訳『赤ちゃんはどこまで人間なのか――心の理解の起源――』ランダムハウス講談社、東京、二〇〇六年）
（13）Williams, G.C. 1997. *The Pony Fish's Glow.* Orion Publishing Group, London.（長谷川眞理子訳『生物はなぜ進化するのか』草思社、東京、一九九八年）
（14）Dennett, D.C. 1991. *Consciousness Explained.* Penguin Press, New York.（山口泰司訳『解明される意識』青土社、東京、一九九八年）
（15）Brodie, R. 1996. *Virus of the Mind: The New Science of the Meme.* Integral Press, Washington.（森弘之訳『ミーム――心を操るウイルス――』講談社、東京、一九九八年）
（16）Blackmore, S. 1999. *The Meme Machine.* Oxford University Press, London.（垂水雄二訳『ミーム・マシーンとしての私』草思社、東京、二〇〇〇年）
（17）Stanovich, K.E. 2004. *The Robot's Rebellion.* Chicago Press, Chicago.（椋田直子訳『心は遺伝子の論理で決まるのか――二重過程モデルでみるヒトの合理性――』みすず書房、東京、二〇〇八年）
（18）前掲書11、二九六頁
（19）前掲書11、四九五頁
（20）Aunger, R. ed. 2000. *Darwinizing Culture: The Status of Memetics as a Science.* Oxford University Press, London.（佐倉統・巖谷

薫・鈴木崇史・坪井りん訳『ダーウィン文化論——科学としてのミーム——』産業図書、東京、二〇〇四年）

（21）前掲書20、六頁

（22）前掲書3、二〇二頁

（23）Ainsworth, M.D.S., Blehar, M.C., Waters, E. and Wall, S. 1978. *Patterns of Attachment: A Psychological Study of the Strange Situation.* Psychology Press, New York. p.22.

（24）前掲書8、一六九—一八一頁

（25）Fonagy, P. 2001. *Attachment Theory and Psychoanalysis.* Other Press, New York.（遠藤利彦・北山修監修『愛着理論と精神分析』誠信書房、東京、二〇〇八年）

（26）Bowlby, J. 1980. *Attachment and Loss. vol III:* Loss. Basic Books, New York. pp.40-41.

（27）Iacoboni, M. 2008. *Mirroring people: The New Science of How We Connect with Others.* Farrar Straus & Giroux, New York.（塩原通緒訳『ミラーニューロンの発見——「物まね細胞」が明かす驚きの脳科学——』早川書房、東京、二〇〇九年）

（28）Rizzolatti, G. & Sinigaglia, C. 2006. *So Quel Che Fai.* Raffaello Cortina, Milano.（柴田裕之訳・茂木健一郎監修『ミラー・ニューロン』紀伊國屋書店、東京、二〇〇九年）

（29）Bowlby, J. 1973. *Attachment and Loss. vol II:* Separation. Basic Books, New York. p.202.

（30）前掲書2、九四—九八頁

（31）前掲書3、二二四頁

（32）Stern, Daniel. N. 1985. *The Interpersonal World of the Infant: A View from Psychoanalytic and Developmental Psychology.* Basic Books, New York.（小此木啓吾・丸田俊彦監訳『乳児の対人世界（理論編）』岩崎学術出版社、東京、一九八九年）邦訳三〇頁、一三四頁

（33）Bretherton, I. & Munholland, K. 1999. Internal Working Models in Attachment Relationship. In Cassidy, J. & Shaver, P.R. eds. *Handbook of Attachment Theory and Research.* Guilford, New York. pp.98-99.

（34）前掲書15、五九—六九頁

（35）Prior, V. & Glaser, D. 2006. *Understanding Attachment and Attachment Disorders.* The Royal College of Psychiatrists, London.（加藤和生監訳『愛着と愛着障害——理論と証拠にもとづいた理解・臨床・介入のためのガイドブック——』北大路書房、京都、二〇〇八年）

（36）前掲書8

（37）前掲書35、一〇六—一〇七頁

（38）Main, M. & Solomon, J. 1990. Procedures for identifying infants as disorganized/disoriented during the Ainsworth strange situation. In Greenberg, M.T., Cicchetti, D. & Cummings, E.M. Eds. *Attachment in Preschool Years.* University of Chicago Press, Chicago. pp.121-160.

(39) 遠藤利彦「アタッチメント理論とその実証研究を俯瞰する」(数井みゆき・遠藤利彦編)『アタッチメントと臨床領域』ミネルヴァ書房、京都、二〇〇七年、一二二頁

(40) 前掲書39、二五頁

(41) 前掲書39、二七—二八頁

(42) 前掲書35、二八頁

(43) Brisch, K.H. 2002. *Treating Attachment Disorders: From Theory to Therapy.* Guilford Press, New York. (数井みゆき・遠藤利彦・北川恵監訳『アタッチメント障害とその治療——理論から実践へ——』誠信書房、東京、二〇〇八年)邦訳二〇八—二一五頁

(44) 前掲書39、四三頁

(45) 前掲書35、五一頁

(46) 前掲書35、五四頁

(47) 前掲書35、六六—七〇頁

(48) 前掲書2、三五八—三六四頁

(49) 前掲書35、六八—六九頁

(50) 前掲書43、四四頁

(51) 中尾達馬・工藤晋平「アタッチメント理論を応用した治療・介入」前掲書39、一三一—一六五頁

(52) 前掲書5、一四〇頁

(53) 前掲書43、六九頁

(54) 前掲書35、二〇九—二二三頁

(55) 前掲書35、一八一—一八二頁

(56) 前掲書35、一八二頁

(57) 前掲書35、一八四頁

(58) 前掲書39、二六—二七頁

(59) 北川恵「アタッチメントと病理・障害」前掲書5、二四五—二六四頁

(60) 北川恵「精神病理とアタッチメントとの関連」前掲書39、一〇二—一三〇頁

(61) Bifulco, A., Moran, P., Ball, B. & Bernazzani, O. 2002. Adult attachment style. I: Its relationship to clinical repression. *Social Psychiatry and Psychiatric Epidemiology*, 37:50-59.

(62) Bartholomew, K. & Horowitz, L.M. 1991. Attachment styles among young adults: A test of a four category model. *Journal of Personality and Social Psychology*, 61:226-244.

(63) Bifulco, A., Lillie, A., Ball, B. & Moran, P. 1998. *Attachment Style Interview (ASI): Training manual*. Royal Holloway, University of London, London.

(64) Woodhouse, S.S., Dykas, M.J., and Cassidy, J. 2009. Perceptions of secure base provision within the family. *Attachment & Human Development*, 11(1):47-67.

第2章　アタッチメントの測定と内的作業モデル

1　アタッチメントの個人差研究

アタッチメントの個人差を測定する研究には、二つの大きな流れがある。[1] ひとつは早期の親子の関係性の質が生涯にわたる関係性の質に影響することを前提とするもの、もう一つは、親友、恋人、配偶者などの個人が選択的に構築できる現在の対人関係の関係性を中心に現在のアタッチメントをとらえようとするものである。前者の研究においては、1章で紹介したSSPの他にも、質問紙、面接法、投影法など、さまざまな査定法が開発されてきた。[2・3] その中でも特にメアリ・メインらが一九八四年に開発したアダルト・アタッチメント・インタビュー（Adult Attachment Interview: AAI）は、欧米を中心に多くの国で広く用いられている。[4] 一方、後者の研究の流れにおいては、自記式質問紙法がもっぱら用いられていた。[5・6] 中でも、バーソロミューら[6]の関係性質問紙（Relationship Questionnaire: RQ）は、成人のアタッチメント研究で広く用いられてきた。[7] そして、一九九八年にアントニア・ビフィルコらが半構造化面接であるアタッチメント・スタイル・インタビュー（Attachment Style Interview: ASI）を開発した。[8]

本章では、アタッチメントの個人差を測定する代表的な方法として、AAI、RQ、ASIの三つを取り上げて紹介し、内的作業モデル仮説について再考する。

1　AAI

AAIは、個人の過去の養育者とのかかわりに関する語りの構造に、無意識的にその個人のアタッチメントに関する情報処理の特徴、すなわち内的作業モデルの質が反映されると仮定する。(9) 安藤・遠藤、(10) および数井ら(11)の紹介を参考にAAIの手続きを簡単に記す。

AAIでは、母親との関係を表すような形容詞や語句を五つあげさせ、それらを選ぶに至った思い出や経験をきく。父親についても同様の質問をする。また、子ども時代に動揺した時の出来事や、両親との最初の分離、両親からの拒絶、脅かしなどの経験について質問する。そして、幼いころの経験が大人としての自分にどう影響していると思うか、また、大人になってからの両親との関係、親や親密な人を亡くした経験、自分の育てられ方が自分の子育てにどう影響しているか、などについてきく。

この面接を逐語的に記録し、語りの内容と、語り方を分析の対象とする。AAIの分析における重要な特徴は、語りに現れる過去の諸事象ではなく現在の心的状態に焦点をあてること、および、語りの内容よりも形式や構造に焦点をあてることである。AAIにおけるアタッチメント対象は、現在、存在している対象ではなく、さまざまな質問を通じて潜在的に活性化される、記憶表象としての対象である。AAIは、記憶表象に対する近接可能性、すなわち、アタッチメント経験を思い出すことができるかどうかと、語りの整合一貫性、すなわち、活性化された記憶表象としてのアタッチメント経験についてまとまりのある一貫した語り方で話せるかどうかにより、アタッチメントの型を以下のように分類する。

F型　安定－自律型（Secure-autonomous）正負両面のアタッチメント経験を容易に想起し、語りに高い整合一貫性が認められ、アタッチメント関係の人生に対する重要性を高く認識している。

Ds型　アタッチメント軽視型（Dismissing/Detached）面接者に対して非協力的で過去の記憶を想起しようとしなかったり、アタッチメント対象を過度に理想化する一方でその具体的な根拠をほとんど示さなかったりする。アタッチメントの重要性を低く認識している。

E型　とらわれ型（Enmeshed/Preoccupied）語り全般の整合一般性が低く、語った内容にとらわれてしまい、情動を制御しきれずに、アタッチメント対象への激しい怒りや恐れなどを表出しがちである。

U型　未解決型（Unresolved）分離や死別、虐待等に対して選択的にメタ認知が作動せず、語りに非現実的な内容が入り交じり、整合一貫性が著しく損なわれる。過去の外傷体験に葛藤した感情を抱きつづけており、心理的に解決しきれていない。

安定－自律型であるF型を除く三つの型は不安定型とされる。

ＡＡＩは、臨床経験に照らして確かに妥当な分類である。また、幼少期の親の記憶表象への接近の仕方に焦点をあてるため、精神分析の仮説を支持するだろうと考えられ、多くの精神分析家がＡＡＩをアタッチメント理論と精神分析理論を架橋する道具として高く評価してきた(12・13)。ＡＡＩは無意識レベルの内的作業モデルのうち、養育者との関係をめぐる内的作業モデルを測定するには有効な方法であると考えられる。したがって、ＡＡＩは、養育システムとの関連や、養育者との関係における未解決の葛藤に関連すると考えられるような精神病理、たとえば、境界性パーソナリティ障害、摂食障害などとの関連が論じられてきた(12)。

ボウルビィの、幼少期から思春期までの養育者との関係により形成された内的作業モデルがその後、一生を通じてその人の内的作業モデルの質を決定するという考え方にのっとれば、ＡＡＩの測定法は妥当なものであるといえよう。ＡＡＩにおいてはアタッチメントを養育者との幼少期の関係をめぐる語りの統合性、養育者に対する感情、養育者との幼少期のアタッチメント関係により測定する。また、内的表象の言語化の様態を通じて、自らの精神状態について考える力、すなわち内省能力（メンタライズする力）を測定するものともなっている。[14] ＡＡＩは、意識的な養育者との相互作用の記憶のみならず、無意識的な養育者の内的表象の記憶の質、および現時点における内的表象としての養育者との関係の内的作業モデルをとらえようとする。しかし、現時点におけるその人の重要な対人関係におけるアタッチメント行動は直接に測定していない。言い換えると現時点におけるある人のアタッチメント行動は、内的表象としての養育者との関係の内的作業モデルの質によりほぼ決定されると仮定されている。すなわち、ＡＡＩは、心の中の世界を測定しており、かつ、現在よりも過去の相互作用に焦点をあてている。

一方、ボウルビィのアタッチメントの概念に戻ると、1章で述べたように、アタッチメント・システムは安全調整システムの所産であり、個体が危険を感じたり、不安を感じたりした時に、特定のアタッチメント対象に近付き、近接を維持し、アタッチメント対象からの応答性によって、安心感を取り戻そうとする、行動を制御するシステムである。そして、1章で述べたように、筆者は、内的作業モデルをこのアタッチメント・システムという動物としてプログラムされたシステムに連動して形成されたミームとしてとらえる。内的作業モデルは、養育者との過去の相互作用が土台になっているとはいえ、養育者以外の人々も含めた人との相互作用の多様な経験の中で時々刻々と変化していると考える。したがって、特に思春期以降の人の現在のアタッチメントの内的作業モデルをとらえるには、ＡＡＩは間接的な方法であり、より直接的に現在のアタッチメント行動を測定することが必要であると考える。

ただし、精神分析理論は、精神分析学派の中にも諸派がありそれぞれ人格理論も治療理論も多様ではあるが、おおむね生後数年、乳幼児期の母子関係からエディプス期の父―母―子の三角関係の経験の中に人格発達の基礎を置き、無意識を重視する。したがって、精神分析理論の立場からは、無意識の中の養育者の内的表象やメンタライゼーションに焦点をあてるＡＡＩによる測定は、間接的というより本質的だという主張があるかもしれない。

2　ＲＱ

アタッチメント対象を養育者に限定せずに、現在の対人関係の中で選択されているアタッチメント対象をとらえる研究の流れの中で代表的な研究として、社会人格心理学研究である、バーソロミューらの質問紙研究がある。(6) バーソロミューらは、ボウルビィの内的対象モデルについての記述を踏まえて、自己モデルと他者モデルからなる仮説を構成した。ＲＱはこのモデルに従って記述された四つの型から自分にもっともよくあてはまる記述を選び、さらにその程度を評定するものである。すなわち、ＲＱはアタッチメントの内的作業モデルの自己報告式質問紙である。ＲＱにおいては、アタッチメントの内的作業モデルが対人関係における行動として汎化したものを測定する。バーソロミューらは、ＲＱを用い、青年を対象としてこのモデルの妥当性を確認する研究を行った。

バーソロミューらは、自己モデルが肯定的か否定的かを「自分は他者から愛され支えられるに値する存在であるか否か」と定義し、他者モデルが肯定的であることを「他者は信頼するに値し、利用可能（available）である」、否定的であることを「他者は信頼できず、拒否的である」と定義した。

そして自己モデルが肯定的か否定的か、と他者モデルが肯定的か否定的か、という二軸を用いてアタッチメントの型を四つに分類した。それによると、自己モデルも他者モデルも肯定的な人は、親密な関係を心地よく感じ、自律的であり、安定型（Secure）と名付けられ、ほぼＡＡＩの安定‐自律型アタッチメントに該当する。自己モデルが否定的で他者モデルが肯定的な人は、他者による承認を求めるため、関係にとらわれており、とらわれ型（Preoccupied）と名付けられ、ほぼＡＡＩの不安定‐とらわれ型アタッチメントに該当する。自己モデルが肯定的で他者モデルが否定的な人は、対抗依存的で、親密な関係を退けており、拒否型（Dismissing）と名付けられ、ほぼＡＡＩの不安定‐拒絶回避型アタッチメントに該当する。そして、自己モデルも他者モデルも否定的な人は、他者に拒否されることを予想して親密な関係に対して恐れを抱き、社会的に回避的で、恐れ型（Fearful）と名付けられた。これは、ほぼＡＡＩの無秩序型に該当するのではないかと思われる。

ＲＱでは四つの型について以下のように記述する。(6)

「拒否型」　私は、人との気持ちの上で親しい関係がない方が気楽です。私にとって、自分が自立して自信があると感じることが大切です。人に頼ったり人から頼られたりしない方がいいと思います。

「安定型」　私にとって人と気持ちの上で親しくなることはやさしいことです。私は、人に頼ることや、人に頼られることが気楽にできます。私は、一人でいることや、他の人が私を受け入れてくれないことについてあまり悩みません。

「とらわれ型」　私は、人と完全に気持ちの上で親密になりたいと思っていますが、相手は私が望むほど親しくなりたいとは思っていないようだと感じることがよくあります。私は親密な関係がないと落ち着きませんが、私が人を大切だと思っているほどには、人は私を大切だと思っていないのではないかと時々心配になります。

「恐れ型」　私は人と気持ちの上で親しくなるのが苦手です。親しい関係があればいいとは思いますが、人を完全に信頼したり、人に頼ったりするのは難しいと思います。人と親しくなりすぎると傷つくのではないかと心配します。

以上の記述からわかるように、バーソロミューは「拒否型」という自己モデルは肯定的で他者モデルは否定的なスタイルについては、親密さへの欲求の低さ、依存性の低さ、依存について否定的であることにより測定している。「安定型」という、自己モデルも他者モデルも肯定的であるスタイルについては、親しくなることが簡単にできること、依存について肯定的であること、分離不安が低く、拒絶されることへの恐れが低いことによって測定している。「とらわれ型」という、自己モデルは否定的で他者モデルは肯定的なスタイルについては、親しくなることへの欲求と拒絶されることへの恐れ、分離不安により測定している。「恐れ型」という、自己モデルも他者モデルも否定的なスタイルについては、親密さへの欲求はあるが親しくなることが難しいこと、人を信頼したり頼ったりするのが難しいこと、人と親しくなりすぎると傷つくことへの恐れにより測定している。これを、表2にまとめた。

この表からわかるように、バーソロミューらは、自己モデルを、依存性、分離不安、拒絶されることへの恐れにより測定し、他者モデルを、親密さへの欲求、親密になれること、他者信頼、により測定している。

バーソロミューらは、自己モデルが否定的である（依存性、分離不安、拒絶されることへの恐れ、のいずれもが高い）程度の軸を、「依存的」と名付け、他者モデルが否定的である（親密さへの欲求、親密になれること、他者信頼、のいずれもが低い）程度の軸を「回避的」と名付けた。

ところで、依存性については、アタッチメントとは異なる概念であるとして、ボウルビィ[15]は以下のように述べている。

ある個人が生存のために他者に頼る「依存」は誕生時に最高の状態で、その後の成熟期にいたるまでに徐々に減少するのに対し、愛着《アタッチメント》は、誕生時にまったく欠如しており、その後約六カ月間もそれほど顕著にはあ

表2　RQのモデル

	自己モデル　肯定的	自己モデル　否定的
他者モデル　肯定的	A＜安定型＞ 親密さへの欲求　＋ 親密になれる　＋ （他者信頼　＋） 依存（肯定的＋）低い－ 分離不安　低い－ 拒絶されることへの恐れ　－	C＜とらわれ型＞ 親密さへの欲求　＋ 親密になれる　± （他者信頼　±） 依存　高い＋ 分離不安　＋ 拒絶されることへの恐れ　＋
他者モデル　否定的	B＜回避型＞ 親密さへの欲求　－ 親密にならない　－ （他者信頼　－） 依存　（否定的－）低い－ 分離不安　低い－ （拒絶されることへの恐れ　－）	D＜恐れ型＞ 親密さへの欲求＋ 親密になれない　－ 他者信頼　－ 依存　困難－（依存欲求＋？） （分離不安＋） 拒絶されることへの恐れ　＋

らわれない。（中略）

人と人との関係において、依存的と呼ばれることは軽蔑を意味する。（中略）

家族の場合には、互いに愛着《アタッチメント》をもっているということが望ましいことだとみなされる。そして人間関係において、他人と遊離していることは、どちらかというと望ましくないことだと考えられている。このように、人間関係における依存性は忌避されるべき条件であり、愛着性《アタッチメント》は多くの場合望ましい条件である。

しかし、はたして、アタッチメントと依存はボウルビィが強く主張するような異なる概念であろうか。ボウルビィの、人間関係における依存性が忌避されるべき条件であるとの言葉は、いささか極端であるように思われる。生存のために他者に頼る度合いはたしかに誕生時に最高の状態で成熟期にいたるまでに減少し、人間の場合には老年期に再び増加するであろう。しかし、他者に頼る度合いがゼロになることは決してない。そもそも、アタッチメント・システムとは、危機に際して他の個体に接近し、保護を求めて安全を確保するシステムであり、この他の個体への接近とが保護を求めることは一時的な依存であると言ってもよいのではなかろうか。したがって、バーソロミューが依存性をアタッチメントの内的作業モデルを測定する軸として加えたことは妥当であると考える。バーソロミュー

安藤・遠藤[16]によると、従来の自記式の質問紙を用いたアタッチメントの個人差研究の分析からは、「近接関係を享受することの快適さ」(comfort with closeness)と、「関係を維持することに対する不安」(anxiety over relationship)という二次元が抽出されており、この二次元とバーソロミューらの四カテゴリーモデルの整合的な対応関係も認められているという。しかし、近接関係を享受することの快適さと関係を維持することに対する不安の二軸モデルについては、軸の独立性に疑問がある。関係を維持することに対して不安な人は、近接関係を享受することが快適ではない可能性が高いからである。

そして、たしかに、「近接関係を享受することの快適さ」が低いことはバーソロミューの「回避：他者モデルが否定的であること」、すなわち、人と親密になりたいと思わず、親しくならず、他者をあまり信頼しない、に対応するといえよう。

しかし、「関係を維持することの不安」の高さが、「依存」軸、すなわち、人に頼りたいし、人が離れると不安で、人から拒絶されることを恐れている、に対応するかどうかは疑問である。「関係を維持することの不安」が高くかつ依存する場合と、高い不安の反動形成で、依存せず自分で何とか対処しようとする場合の両方が考えられるからである。すなわち、関係を維持することへの不安が高い人の中に、不安に素直に反応して人にしがみつく人と、不安だからこそ意地をはり強がろうとする人がいるだろう。

さらに、関係を維持することが不安な人の中には、依存的で分離不安は高いが、拒絶されることへの恐れはさほど高くない人もいるだろう。たとえば過保護的な養育者のもとで育ち、自立性の発達が阻害されて依存的で分離不安が強い、いわゆる甘えの強い人で、幸か不幸か自己評価をひどく傷つけられた経験がない人

がいる。そういう人は、保護的な人、たとえばパートナー、親、親友などの近くにいるようにしていて、何日も離れて一人になることは分離不安のために耐えられない。しかし、拒絶されることへの恐れは低いがために平気で人に甘える。いわば恵まれた甘えん坊のような人である。

以上、いくつか例をあげて見てきたような矛盾は、バーソロミューが「依存性」と「分離不安」と「拒絶されることへの恐れ」という本来別の軸としてとらえるべきものを、アタッチメントにかかわる内的作業モデルの自己モデルとして「依存」という概念軸の中に無理にまとめたために生じたと考えられる。

このように軸の妥当性に疑問があるにもかかわらず、バーソロミューの研究において、四つの分類は自己報告による評定と、友人や家族による評定の間に高い一致があり、それによって、この分類の妥当性が支持されたと論じられている。この一致は、本人が意識しており自己報告した、自己モデルと他者モデルの組み合わせからなる対人関係スタイルの分類と、身近な友人や家族がその人との関係の中で意識しているその人の対人関係スタイルの分類とが一致していたということである。言い換えると、内的作業モデルが対人関係において機能した結果の行動についての、自分の認識と周囲からの認識が一致していたということであり、内的作業モデルそのものが適切に自己報告に反映していることが証明されたわけではない。

また、仮に大枠としての軸の妥当性が支持されたとしても、それは軸の精緻化を妨げるものではないだろう。そこで、次にうつ病研究の流れとRQの発展との中で開発されたASIを紹介した上で、新たなモデルによる軸の精緻化についてみていこう。

3　ASI

ASIは、思春期以降の人のアタッチメント対象を、RQ同様、養育者との関係に限定せず、また、現実の態度と行動に基づいて測定する。ASIは、イギリスのアントニア・ビフィルコらにより、一九九〇年代に産後うつ病の国際研究の中で開発された[8]。ビフィルコらは、うつ病の脆弱要因を幼少時の虐待経験などのライフイベントの文脈で研究してきた社会心理学者であるが、うつ病の脆弱因子としてアタッチメントに注目し、ASIを開発した。ASIの適用範囲は思春期から老年期まで幅広い[17]。

日本にアタッチメント・スタイル・インタビューを導入したのは、九州大学の精神科医師の吉田敬子である。筆者は、一九九八年に吉田からアタッチメント・スタイル・インタビューのトレーニングを受けた。その後、吉田とビフィルコと筆者は、日本におけるASIの信頼性と妥当性を確認した[18]。

ASIは、パートナーや身近な他者との現在の対人関係について、回答者の対人関係における態度や行動の叙述に基づいて、評定者がマニュアルにより評定を行う半構造化面接であり、バーソロミューら[6]の社会人格心理学的研究の延長線上に位置する。

ビフィルコらは、うつ病の発症原因としてアタッチメントの型との対応を検討した先行研究をレビューし、拒絶回避型についての結果が矛盾していることを見出し、その理由は攻撃性の高さの違いが加味されていなかったからだろうと論じた[19]。そして、拒絶回避型を、攻撃性が高い「怒り–拒否型 Angry Dismissive」と、攻撃性が低い「引っ込み型 Withdrawal」の二つにさらに分類し、「明らかな安定型 Clearly Secure」（バーソロミューらの安定型に対応する）、「とらわれ型 Enmeshed」（バーソロミューらのとらわれ型に対応する）、「恐れ型 Fearful」（バーソロミューらの対人恐怖的回避型に対応する）とあわせて五つの型により、産後うつ病の発症の脆弱因子の研究を行った。その結果、とらわれ型、恐れ型、および怒り–拒否型のアタッチメント・スタイルは、産後うつ病の発症の脆弱因子となる可能性が高いが、引っ込み型のアタッチメント・スタイルは脆弱因子となる可能性が低いという結果を得た。すなわち、うつ病の脆弱因子としてアタッチメント・スタイルを検討する際に、拒絶回避型を、怒り–拒否型と引っ込み型に分けることが有効であることが裏付けられた。（図1）

このように、ＡＳＩは、アタッチメント・スタイルの分類に攻撃性の次元を加え、さらに、サポート、不信感、親しくなることへの妨げ、自己信頼、親密さへの欲求、拒絶されることへの恐れ、離れることへの恐れ、怒りを下位尺度として加えた。これらの下位尺度は、バーソロミューが自己モデルと他者モデルの測定を考案した時に抽出した要素に、サポート、不信感、自己信頼、怒りを加えたものである。ＡＳＩのモデルの利点は、これらの要素を二軸にまとめることなく、そのまますべて軸として測定の下位尺度とした点である。複雑な構造になったが、このように、多角的な下位尺度を用いることにより、ＡＳＩは、うつ病の脆弱因子を測定するための研究の有効な道具であるにとどまらず、臨床場面で、アセスメントに有効な道具となったと言えよう。

ＡＳＩの五つのアタッチメント・スタイルを簡単に記述する。（表３）

「明らかな安定型」のアタッチメント・スタイルの人は、人間関係における不安が低く、基本的に人を信頼しており、人と親密でほどよい距離の関係を築き、それを維持することができる。危機に際して、アタッチメント対象に援助を求め、保護（情緒的サポート）を得ることができる。

「とらわれ型」のアタッチメント・スタイルの人は、人間関係における不安が強く、依存的なスタイルであり、親密さへの欲求が高く、人と離れることが苦手である。危機に際して人にしがみつこうとする。

「恐れ型」のアタッチメント・スタイルの人は、人間関係において傷つけられた経験があるために、人に対する恐れや不信感を強く持ち、人から拒絶されることを恐れ、いざという時に助けを求めることができるだけの親密な関係を作ることが難しい。危機に際しては、人に助けを求めて近づくことができず、何らかの形で逃げようとする。

「怒り−拒否型」のアタッチメント・スタイルの人は、他者に対する不信感が強く、怒りを持ち、自己信頼が高く、かなり自立的で人に頼らず、危機に際しても人に助けを求めて近づこうとしない。また、人と親密

表3　ASIにおけるアタッチメント・スタイルと評定尺度

尺度／アタッチメント・スタイル	不信	人と親しくなることへの妨げ	拒絶されることへの恐れ	自己信頼	親密さへの欲求	離れることへの恐れ	怒り
とらわれ型	いずれも	低い	低い	低いまたは矛盾	高いまたは矛盾	高い	いずれも
恐れ型	高い	高い	高い	いずれも	いずれも	いずれも	低い
怒り－拒否型	高い	高い	低い	高い	低い	低い	高い
引っ込み型	いずれも	高い	低い	高い	低い	低い	低い
明らかな安定型	低い	低い	低い	中程度	中程度	低い	低い

高い：評価1または2　　低い：評価3または4
網掛けされている評定：そのスタイルとして評定するのに必要なもの.
アンダーラインの評定：このように評定されないと，そのスタイルと矛盾するもの.
いずれも：評定は高い場合も低い場合もあり得るが，いずれでもそのスタイルと矛盾はしないもの.

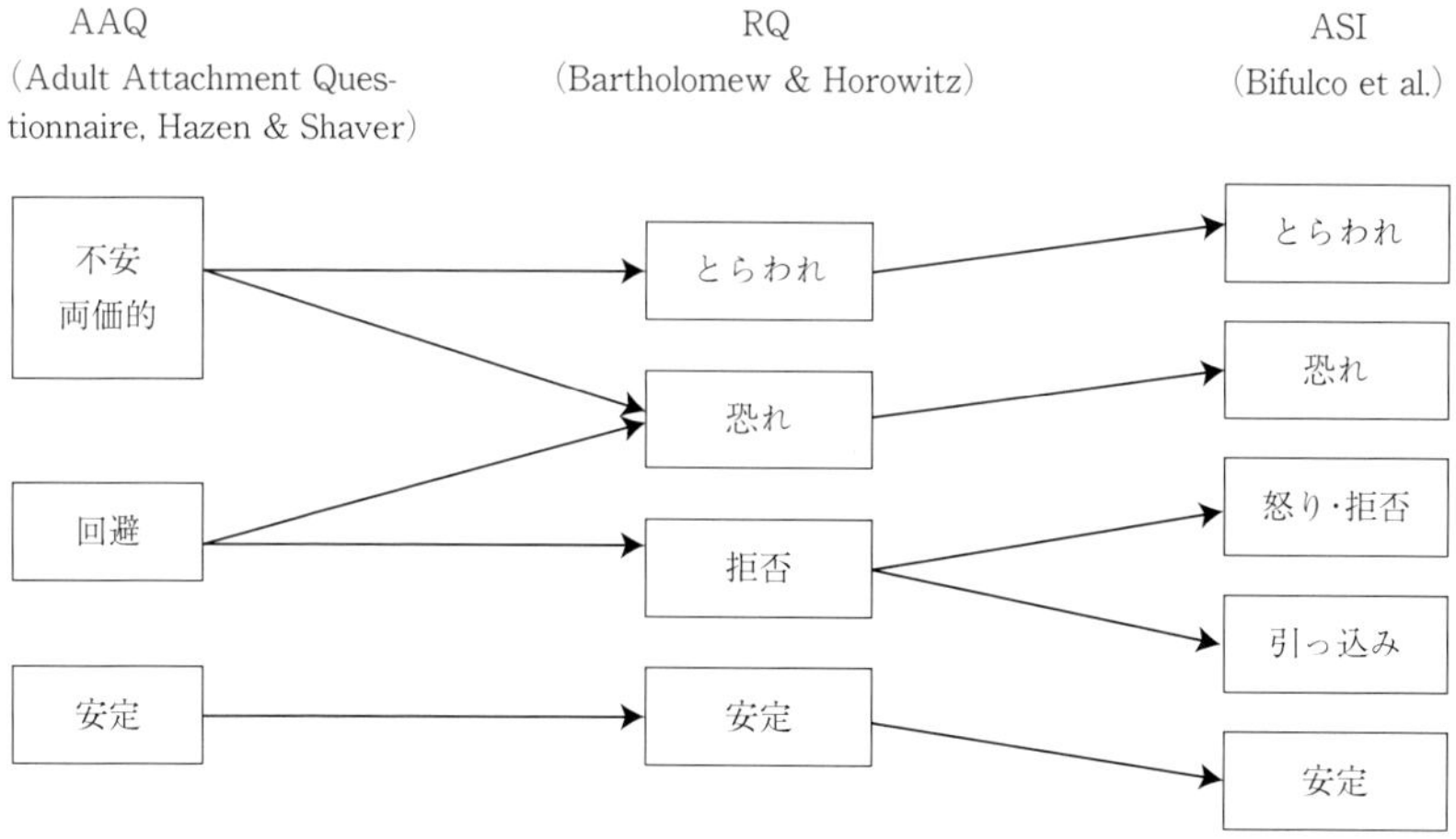

図1　アタッチメント・スタイルの分類

になりたい欲求が低い。危機に際して攻撃的なスタイルで対処しようとする。

「引っ込み型」のアタッチメント・スタイルの人は、自己信頼が高く、かなり自立的で人に助けを求めようとしないが、攻撃性が低い。人と深く親密になろうともしないし、人に対して怒りを感じたり向けたりすることもあまりなく、人間関係から引っ込んでいる。危機に際しては、人に近づこうとせず、一人で対処しようとする。

次に、ASIによるアタッチメントの個人差の構造と測定について詳述する。

2　ASIにおけるアタッチメントの個人差の構造と測定

ASIにおけるアタッチメントの個人差の構造は、安定した（secure）アタッチメント関係を作り維持する能力を測定する第一相と、アタッチメント・スタイルを測定する第二相の二つの相からなる。そして、アタッチメントの内的作業モデルの安定性は、第一相と第二相を総合して測定する。ASIは「現在」の対人関係に表れているアタッチメントの内的作業モデルの安定性を測定する。この「現在」とは、半年から一年くらいの幅の「最近」である。したがって、個人差と言っても、個人の特性ではなく、可変的な状態を記述している。

1　安定したアタッチメント関係を作り維持する能力（第一相）

ASIの第一相において、安定したアタッチメント関係を作り維持する能力を、現在のアタッチメント対象との関係の質と、安定型（secure）のアタッチメント関係の量により測定する。最初に、現在のアタッチメント対象を、何らかの危機的な状況における接近（会う、または電話やメールで話をする）および接近の頻度、身近に感じているかどうか、を総合的に評価して特定する。次に、それらの現時点におけるアタッチメント対象とのアタッチメント関係の質、すなわち安定している（secure）かどうかを、(1) アタッチメント行動（何か大きな問題を抱えた時に、すなわち危機的な状況に直面した時に、気持ちを打ち明けて話す程度）と、(2) アタッチメント対象の情緒的な応答性（共感的に話を聞いて積極的に心をこめて援助をする程度）と、(3) アタッチメント対象が安全基地になっていること（危機的な状況において頼りになると感じていることと、アタッチメント対象の存在が安心感をもたらしていること）の尺度の評定を総合して評価する。それぞれのアタッチメント関係の安定性は、「極めて高い」「かなり高い」「いくらか低い」「極めて低い」の四段階で評定する。

ＡＳＩにおいて、安定的（secure）なアタッチメント関係と判断するのは、以下のような関係である。「その人は、そのアタッチメント対象とほぼ一カ月に一度以上、個人的な接触をしている。人生における危機的な状況、大きな問題がある時は必ずそのアタッチメント対象に、自分の気持ちも含めて打ち明けて話している。アタッチメント対象はその話を共感的に聞き、積極的に心をこめた援助（情緒的サポート）をしている。その人は、危機的な状況においてアタッチメント対象が頼りになると感じており、アタッチメント対象の存在により安心感がもたらされている」

ＡＳＩは、成人のアタッチメント研究の流れの中で初めてアタッチメント行動にアタッチメント対象との現実の情緒的なコミュニケーションという関係性の測定および接近の頻度の測定を導入した測定方法である。ボウルビィ[20]が、「自己と他者との間のコミュニケーションで情緒的なコミュニケーション以上に重要なコミュニケーションはなく、自己についての作業モデルと他者の内的作業モデルを構築し、そして再構築していくために、お互いに相手に対してどう感じているかの情報以上に強力な情報はない」と述べていることからも、これは妥当な測定方法である。

また、「ＡＡＩ」は養育者との過去のアタッチメント関係の内的表象を現在想起する時に生じる無意識的な抵抗と、想起された過去のアタッチメント関係の内容および過去のアタッチメント関係についての現在の認識から、現在のアタッチメントの内的作業モデルを測定しようとする。すなわち、「AAI」は過去および無意識から現在のアタッチメントの内的作業モデルを推測するが、これに対して、ASIは現在および行動、すなわち意識水準からアタッチメントの内的作業モデルを推測するという意味で、方向が逆である。

また、バーソロミューの質問紙であるRQは、自己や他者に対する認知の自己報告であり、主観的である。そこで最近では、SSPの成人期への応用として、恋人から女子学生を分離させ、再会させて観察する実験的な研究も行われている。(21) この実験は、現在および行動からのアタッチメント行動の測定という意味ではASIと同様の立場である。しかし、この実験においては、実験室場面における分離不安の程度や質は測定しえても、人生における深刻な危機的な場面、たとえば死期が迫っている病気を宣告されたりした場合などにどこまで深くアタッチメント対象に情緒的に接近し、どこまで十分な情緒的な応答を得て安心するのかということは測定できない。これに対して、ASIは現在のアタッチメント対象との間の人生の危機における情緒的な対話による接近とそこでどのように情緒的な応答が得られたかという、アタッチメント・システムが現実に機能している程度を測定する。

「安定したアタッチメント関係を作り維持する能力」(以下、「安定的アタッチメント関係を作る能力」と記述する)は、安定したアタッチメント関係であると評定される関係が皆無か、一人に限られているか、二人以上あるか、ということにより測定する。具体的には、極めて安定したアタッチメント関係が二人以上ある人と、安定したアタッチメント関係を三人以上持っている人は、安定的アタッチメント関係を作る能力が極めて高い、と評定される。極めて安定したアタッチメント関係は一人以下だが、かなり安定したアタッチメント関係が二人以上ある人は、安定的アタッチメント関係を作る能力がかなり高い、と評定される。かなり安定したアタッチメント関係が一人しかない場合には安定的アタッチメント関係を作る能力がいくらか低いと評定される。安定したアタッチメント関係が皆無である場合には、安定的アタッチメント関係を作る能力が極めて低いと評定される。安定したアタッチメント関係が二人以上ある人、すなわち、安定的アタッチメント関係を作る能力が極めて高い、あるいは、かなり高い人は、アタッチメントが安定的である、と評定される。安定したアタッチメント関係は一つか皆無である人、すなわち、安定的アタッチメント関係を作る能力がいくらか低い、あるいは、極めて低い人はアタッチメントが不安定であると評定される。

このアタッチメントが安定的か不安定であるかの分類は、大うつ病発症の、脆弱性との関連が実証されている。(18)

安定したアタッチメント対象が皆無であること、すなわち、安定的アタッチメント関係を作る能力が極めて低いことは、アタッチメントの内的作業モデルが不安定－無秩序型、すなわち、組織化（体制化）されていないことに対応している可能性がある。これについては、今後の実証研究が待たれるところである。

2　アタッチメント・スタイル（第二相）

次に、ASIの第二相においては、アタッチメント・スタイルを、親しくなることへの妨げ、自己信頼、親密さへの欲求、不信感、拒絶されることへの恐れ、離れることへの恐れ、怒りの七つの尺度により測定する。

RQと同様、ASIにおいては、アタッチメントの内的作業モデルが対人関係において汎化したものを測定する。その人のアタッチメント欲求が高まった時に、安定的なアタッチメント行動を取ることを妨げる態度がどの程度あるかを、その人の対人関係全般から評定するのである。

ASIにおける「不信感」の尺度は、アタッチメント欲求が高まって他者に接近したくなった時に、他者が自分のアタッチメント欲求にこたえてくれないのではないか、失望させられるのではないか、と疑う程度を測定する尺度である。これはアタッチメント対象との幼少期に限らず、他者との関係全般の中での否定的な関係に基づくものである。幼少期のアタッチメント関係がその後のアタッチメントの内的作業モデルをほぼ決定するという立場からは、「不信感」はアタッチメントを測定しているものではなく、対人関係一般を測定するものではないかと思われるかもしれない。しかし、「不信感」は他者への否定的な予想から安定的なアタッチメント行動を妨げるものとして内的作業モデルの一部を構成すると考えられる。

ＡＳＩの「親しくなることへの妨げ」尺度は、アタッチメント欲求が高まった時に身近な人に接近して助けを求めるアタッチメント行動を妨げる態度があることと、アタッチメント欲求が極端に高まるような危機的な状況でなくても、一般的に他者と親しい関係になることについて困難を抱えているため、必要な時にも他者に接近することが難しい程度を測定する尺度である。親しくなることへの妨げは、とらわれ型以外の不安定なアタッチメント・スタイルにおいて高い。ＡＳＩはアタッチメント対象に限らず一般的な対人関係におけるアタッチメント行動をも測定する。たとえば、大学に入学した初日で知人がいない状況で急に体調が悪くなった時に、近くにいる人に声をかけて助けを求めることにどの程度の困難さを感じるか、苦手であるか、ということも、この親しくなることへの妨げの程度に該当する。

次に、「親密さへの欲求」尺度は、身近な人に接近した状態を維持することに必要性を感じている程度を測定する。「親しくなることへの妨げ」が、アタッチメント・システムが起動した場面での他者への接近欲求を測定するのに対して、親密さへの欲求は、アタッチメント・システムが起動するべき危機が現実にない時も含めて、身近な人との親密な関係への希求および必要性を測定する。

ＡＳＩにおける「親密さへの欲求」尺度の高い極は、一人でいることができず、たえず誰かと一緒にいたいと欲する、すなわち接近の維持の必要性が高い状態であり、これは、アタッチメント・システムが不断にある程度高い水準で活性化していることを示している。身近な人から見捨てられる不安を中核とする内的作業モデルを持つとらわれ型の人は、アタッチメント対象との接近をたえず維持しようとするスタイルが汎化して、親密さへの欲求が高くなっている。

ASIにおける「親密な関係への欲求」の低い極は、身近な人とのかかわりに対する欲求をまったく感じないどころかむしろ身近な人とのかかわりを忌避し、孤立を好むことであり、これはアタッチメント欲求を不断に抑圧していることを示している。親密な関係を抑制または抑圧することを中核とする怒り－拒否型と引っ込み型の人は、アタッチメント対象に対する接近欲求を低くおさえるスタイルが汎化して、親密な関係への欲求を低くおさえていると考えられる。

そして、安定型のアタッチメント・スタイルでは親密さへの欲求は高すぎず、低すぎず、中程度である。いわゆる外向的で社交的な人も、時には一人でいることを好ましいと感じることがあるならば、中程度と評定する。逆に、いわゆる内向的で一人を好む人も、身近な人との関係を大切に思い、一緒にいたいと思うことがある程度あるならば、やはり中程度と評定する。

「親密さへの欲求」の尺度は、一見、バーソロミューの「他者についてのモデル」の軸と重なると思われるかもしれない。しかし、バーソロミューの軸の定義は、肯定的なモデルが「他者は信頼するに値し、利用可能である」、否定的なモデルが「他者は信頼できず、拒否的である」、である。前述のように、バーソロミューらは、信頼感と、他者の利用可能性への認知とその結果としてのアタッチメント対象への接近欲求、一般的な他者との親密さへの欲求、そして依存が連動すると仮定した。また、不信感と、他者の利用不可能性の認知とその結果としての親密さへの欲求の低さ、そして自立が連動すると仮定した。

たしかに、アタッチメント対象の利用可能性の認知は、他者への信頼感を生むだろう。エリクソン[22]の「基本的信頼感」は安定したアタッチメント関係と類似の概念であり、自己、他者、世界への信頼感の基礎が安定したアタッチメント関係の体験から生まれるだろうことに異論はない。しかし、不信感に関しては、アタッチメント対象が利用不可能であると感じることだけが他者への不信感を生むかというとそうではないだろう。他者への不信感は、アタッチメント対象の利用不可能性の体験だけではなく、他者から傷つけられた体験や、アタッチメント対象の不信感の取り入れからも生まれる。たとえば、いじめられた経験によって根強い他者への不信感と恐れを持つにいたった人や、猜疑心や不信感に満ちた人間観を持っている養育者に育てられて他者に対する不信感を持つようになった人もいる。

思春期にいじめにより不信感と恐れを持つにいたった人の中には、幼少期に養育者との関係の中では安定的なアタッチメントの内的作業モデルを作っていたために、アタッチメント対象への接近欲求や親密さへの欲求がかなり高い人も少なくない。そういう人たちは、親密になりたいのに親密になることが怖くなってしまったり、アタッチメント・システムが起動した時に、アタッチメント対象に接近して依存したい欲求が高まる一方で、不信感や恐れが汎化して、アタッチメント対象に近づくことをためらったりする、というアンビバレントなアタッチメント・スタイル（とらわれ型や恐れ型に含まれる）を持っていることがある。このように、不信感の尺度は、親密さへの欲求あるいは依存の尺度と分ける必要があると考えられる。

次に、ＡＳＩにおける「自己信頼」の尺度は、自立と依存の尺度である。安定型のアタッチメント・スタイルの人は自己信頼が高すぎて孤立するのでもなく、低すぎて依存しすぎるのでもない、中間に位置する。自立欲求も依存欲求もほどほどに混在している人は、安定型の人に限らず多くみられる。しかし、怒り‐拒否型の人と引っ込み型の人は、対抗依存的に自立欲求が高いことが多いので、自己信頼感が高いことが多く、とらわれ型の人は依存欲求が高いので自己信頼感が低いことが多い。

この「自己信頼」の尺度は、「親しくなることへの妨げ」の尺度とある程度連動しているが、異なるのは、「親しくなることへの妨げ」が、アタッチメント・システムが起動した時のアタッチメント行動を測定するのに対して、「自己信頼」は、アタッチメント・システムが起動していない時も含めて、全体的な態度としてどれ位自立欲求と依存欲求が強いかを測定する点である。ただ、この全体的な自立－依存の程度は、自己評価全体にかかわるため、アタッチメント・システムよりも探索行動システムが活性化している時の経験に基づく部分が大きいと考えられる。ただ、極端に高すぎる、あるいは低すぎる自己信頼は、アタッチメントの内的作業モデルの一部として、安定的なアタッチメントを妨げると考える。

次に、ＡＳＩでは「離れることへの恐れ（fear of separation）」の尺度で分離不安を測定する。分離不安の高さは、とらわれ型の指標の一つである。分離不安の尺度は、自己信頼、すなわち、自立－依存の尺度とある程度重なっていると考えられる。しかし、あえて分離不安を尺度として分けたことにより、依存欲求が高い人が、アタッチメント対象が利用不可能である場合に示す高い不安をとらえ、しがみつく「とらわれ型」のスタイルの人を明確にとらえることが可能になった。ちなみに、分離不安は、とらわれ型と一部の恐れ型以外ではおしなべて低い。

ＡＳＩにおける「とらわれ型」は、依存欲求・親密性への欲求・分離不安の高さを中核的な特徴とするが、必ずしも不信感やそれに伴う怒りが高いとは限らない。これは、「ＡＡＩ」におけるとらわれ型が怒りを伴うアンビバレントなスタイルであるのに対して、それを含みつつより広い分類である。「ＡＡＩ」のとらわれ型は、一貫性のない応答をする養育者に対して怒りを感じつつも接近しつづけようとするスタイルであり、養育者に対するアンビバレンスを中核とする。ＡＳＩのとらわれ型は、発達的な縦断研究はまだないので、推測であるが、「ＡＡＩ」のとらわれ型と同様に養育者との関係の中で生まれた可能性がある。しかし、ＡＳＩのとらわれ型の中核は現時点における依存欲求・親密性欲求、そして分離不安の高さである。したがって、たとえば、養育者との関係でアタッチメント欲求を過剰に発信し、分離不安が強いとらわれ型の内的作業モデルができた後に、養育者以外の他者との関係において、高い情緒的応答性に満ちた環境に恵まれ、不信感や怒りが低くなった人の場合にも、ＡＳＩではとらわれ型として分類することがある。

ＡＳＩでは「怒り」の尺度で周囲の人に対する攻撃性の程度を測定する。攻撃性の高さは、安定的なアタッチメント関係の安全性を損なったり、安定的なアタッチメント関係を破壊する可能性がある。怒りは、「怒り－拒否型」のスタイルの人にもっとも典型的にみられるが、「とらわれ型」の人の中にも依存を拒否された経験から攻撃性が高くなっている人がみられる。

依存欲求・親密性欲求・分離不安が高い「とらわれ型」の対極に位置し、いずれの欲求も低いのが、「怒り－拒否型」および「引っ込み型」である。「怒り－拒否型」のスタイルの中核には、依存欲求・親密性欲求・分離不安の低さに加えて、不信感の高さと攻撃性（怒り）の高さがある。引っ込み型の中核には、依存欲求・親密性欲求・分離不安の低さに加えて、攻撃性の低さがある。先述のように、うつ病の脆弱性を検討するにあたって、従来、自己についての内的作業モデルは肯定的で他者に対する内的作業モデルは否定的な回避型、としてひとくくりにされてきた人を、攻撃性の高さにより分けることが、対人適応の視点からは重要なのである。臨床場面での攻撃性のアセスメントの重要性は言うまでもないだろう。

最後に、ＡＳＩにおいては、「拒絶されることへの恐れ」の尺度により、恐れ型のスタイルを抽出する。このスタイルの中核は、何らかの具体的な外傷体験による、不信感、人と親しくなることへの妨げ、そして拒絶されることへの恐れである。他の尺度が必ずしも特定の具体的な体験の存在を仮定しないのに対して、この尺度は明確に何らかの体験を仮定しているという意味でいささか異質である。次元が異なっていると言ってもよい。バーソロミューは、自己モデルも他者モデルも否定的な型として恐れ型を記述した。ＡＳＩの分類はバーソロミューの分類による恐れ型を包含するが、特に体験に基づく「人から拒絶される恐れ」が対人関係における不信感や回避をもたらすことに注目しているという意味で、恐れが中核にあるアタッチメント・スタイルの人々をより広く包含する分類となっている。バーソロミューの分類における恐れ型は、自己信頼が低く、関係への希求があることが前提であるが、ＡＳＩの分類は、あくまでも現実の人から傷つけられた体験の影響に注目するため、もともと怒り－拒否型のスタイルで自己信頼が低い人や、もともと、引っ込み型であって、親密性への希求が低い人をも包含する。

このように、アタッチメントの型をとらえるための尺度を分化させたことにより、ＡＳＩはバーソロミューのモデルよりも分化したアタッチメント・スタイルをとらえる分類となった。

3　アタッチメントの個人差の総合評価

ＡＳＩにおける個人差は、以上の第一相の安定的（secure）アタッチメント関係を作る能力と第二相のアタッチメント・スタイルの二つの相を組み合わせて、「総合的なアタッチメント・スタイル」として、一三の分類により記述される（表４）。アタッチメントの安定性の程度は、次のように決定される。

安定的なアタッチメント関係を作る能力が極めて高いか、かなり高い、すなわち、安定的なアタッチメント関係が二人以上ある、アタッチメントが安定と分類される人の中で、アタッチメント・スタイルの下位尺度がほぼ安定型（安定型と異なる尺度が一つ以下）である人は、安定性が極めて高いと評定する。すなわち、表４の「13　極めて安定型」に該当する。

同じくアタッチメントが安定であると分類される、安定的なアタッチメント関係が二人以上ある人の中でも、アタッチメント・スタイルの下位尺度が二つ以上、安定型と異なる評定である人は、「いくらか不安定」と評定する。すなわち、表４の９から12の型に該当する。いくらか不安定なアタッチメント・スタイルと呼ばれる人は、アタッチメントの安定性の大分類では安定なのだが、安定的なアタッチメント関係を作ることを妨げる態度が二つ以上あるので、いくらか不安定と呼ぶのである。

安定的なアタッチメント関係を作る能力が少し低い、すなわち、安定的なアタッチメント関係が一人しかいない人は、アタッチメントはかなり不安定であると評定する。すなわち、表４の２、４、６、８である。

表4　ASIにおけるアタッチメントの安定性の程度

アタッチメントの安定性（大分類）	不安定（insecure）		安定（secure）	
アタッチメントの安定性の程度	極めて不安定	かなり不安定	いくらか不安定	極めて安定
アタッチメントの型	1. とらわれ型	2. とらわれ型	9. とらわれ型	
	3. 恐れ型	4. 恐れ型	10. 恐れ型	
	5. 怒り－拒否型	6. 怒り－拒否型	11. 怒り－拒否型	
	7. 引っ込み型	8. 引っ込み型	12. 引っ込み型	
				13. 安定型

安定的なアタッチメント関係を作る能力が極めて低い、すなわち、安定的なアタッチメント関係が皆無である人は、アタッチメントは極めて不安定であると評定する。すなわち、表４の１、３、５、７である。このアタッチメントが極めて不安定な人の場合には、安定的なアタッチメントを妨げる尺度（たとえば、不信感、分離不安など）の評定も極めて高い場合か、かなり高い場合が多い。

尺度の特徴から二つ以上の型に分類される場合には、副次的なアタッチメント・スタイルをも評定し、「二重のアタッチメント・スタイル」と呼ぶ。二重のアタッチメント・スタイル評定は必ずしも「ＡＡＩ」の無秩序型と重なるわけではないと考えられる。「ＡＡＩ」における外傷体験の未解決を背景とする無秩序型は、むしろ、極めて不安定なアタッチメント・スタイルで、何らかの外傷体験を持つ恐れ型が評定される人に相当するのではないかと推測される。いくつか該当する事例はあるが、実証研究はまだない。

以上のＡＳＩの個人差の構造と測定はいささか複雑に見えるかもしれない。ＡＳＩは「ＡＡＩ」ほどの時間はかからないが、面接と評定ができるためには構造化されたトレーニングが必要である。ただ、アタッチメントの内的作業モデルの個人差をより包括的にとらえようとすると多少複雑になるのはいたしかたないのではなかろうか。

4　ASIの有効性と限界

前節で、アタッチメントの新たな測定法であるASIの尺度を紹介した。ASIは、ビフィルコらが、うつ病の人を主な対象とした研究の流れの中でサポートの視点から開発したために、安定的なアタッチメント関係の質と量、そして、アタッチメントの内的作業モデルが対人関係一般に汎化した態度を、その人が意識化している水準で測定する。

うつ病、あるいはうつ状態を中心とする社会不適応問題の治療において認知療法、認知行動療法が薬物療法に並んで効果を発揮する場合が多く報告されていることからもわかるように、うつ病を中核とする社会不適応は、意識の水準における自己モデル、他者モデルの病理としてとらえることが可能である。社会不適応行動は、他者とのかかわりを妨げる内的、外的要因の存在により生じているものである。その内的、外的要因のモデルとして、ASIは臨床的に有用であるといえよう。しかし、他の測定方法と同様に、ASIの評定によるアタッチメント・スタイルが内的作業モデルとどれだけ対応しているかという妥当性については、仮説的に推測することができるのみである。

そして、ASIの限界は、まさに意識水準の測定にとどまっているところにある。ASIは、被面接者の行動や態度についての自己報告を半構造化面接の中で引き出し、そこから得られた素材をもとに面接者がマニュアルに従って評定する。しかし、被面接者の防衛が強かったり、現実の認知が混乱していたりする、たとえば、否認が極めて強い怒り－拒否型やメンタライズが困難な極めて不安定で恐れ型で、おそらくアタッチメントが未組織型の人の場合は、評定が困難になる。そのような被面接者の場合において、「AAI」では、その語り方から無意識の防衛や自我機能の言語化の側面を測定する点で優れている。しかし、繰り返しになるが、「AAI」で測定されるものは、養育者の内的表象とのかかわりに限った自我の機能の仕方であり、現在のその人のアタッチメントの内的作業モデルとしてどこまで汎化できるかは疑問である。

ＡＳＩは、アタッチメント行動の具体的な側面である、アタッチメント対象への接近と近接の維持の性質と頻度や強度、アタッチメント対象からの分離不安、アタッチメント行動の機能であるアタッチメント対象の保護システムの起動を具体的にとらえる点で、ＳＳＰ同様に現時点での内的作業モデルの表現形としてのアタッチメント行動をとらえるのに適した方法である。しかし、探索行動については直接的に測定できないところがＳＳＰとは異なる。一、二歳の子どもは、おもちゃのような新奇刺激を置いておけば、どの子どもでもたいてい同じように探索行動システムが活性化する。しかし、思春期以上の人は探索行動システムを起動させる領域が広範囲に分化しており、面接で測定するのは難しいとも思われる。ただ、実験状況で何らかの工夫の余地はあるかもしれない。

3　内的作業モデル再考

思春期以上の人を対象とするアタッチメントの測定法の中から「ＡＡＩ」、ＲＱ、ＡＳＩをとりあげて紹介した。ここで、改めてアタッチメントの内的作業モデルについて考えてみたい。

アタッチメントの内的作業モデルは、「ＡＡＩ」が仮定するように、幼少時に養育者たちとの関係の中で、その基本的な形ができると考えられる。それは、臨床家としての自分自身の経験や、他の臨床家の経験の報告に接する中で常に実感するところである。特に、長期にわたる複雑な問題を抱えたクライエントが、腰を据えて自らの問題に取り組んでいく時には、必ずと言っていいほど、人生初期の主な養育者との関係の体験が現在の自分へ及ぼしている影響を吟味する場面がある。

それは、精神分析的な志向性を持つ臨床家が意識的・無意識的に幼少期の家族関係の想起を誘導するからだろうと言われるかもしれない。しかし、精神分析とは異なる理論的基盤を持つアプローチでも、このような現象は生じる。たとえば、クライエント中心療法の「今、ここで」を重んじるアプローチの中で、昨日までまったく他人であった人々と語り合うエンカウンター・グループの中でさえも、グループ・プロセスが深まるにつれて幼少時の家族関係のテーマが出てくる。これは、かつて、筆者がエンカウンター・グループにメンバーとして、また、スタッフとして参加する中でしばしば経験したことである。また、認知行動療法の流れの中で、「スキーマ療法」のように、精神分析的精神療法との融合をはかる方向が出てきたのもこのことと無関係ではないだろう。[23]

ボウルビィ[24]は、アタッチメントのパターンの持続性と可変性の両方について言及している。筆者は、前述のように、アタッチメントの内的作業モデルは、アタッチメント・システムという生得的な行動制御システムと連動している、経験の中でたえず微細に時には大きく更新されつつある複合ミームであると考えている。そして、人間の中にはいくつもの内的作業モデルがあると考えている。ある瞬間を取って見れば、時と場合により、そして相手により、微妙に異なる質の内的作業モデルが喚起されているだろう。しかし、その人にとって優勢な内的作業モデルが大半の対人関係において作動していると考える。しかし、常にというわけではないだろう。

たとえば、安定的（secure）なアタッチメントの内的作業モデルが優勢なある中学生が、教科書を忘れたことを相談しにいった教師にひどい言葉でののしられたとする。中学生は、普段は安定型の内的作業モデルが優勢で、不当な扱いを受ければアサーティブに応答する落ち着いた生徒である。しかし、このたびばかりは、信頼していた教師からあまりに侮辱的な言葉で突然ののしられ、恐れ型の内的作業モデルが喚起されて半泣きになるかもしれない。または、怒り－拒否型の内的作業モデルが喚起されて「逆ギレ」して怒鳴り返すかもしれない。

多様な内的作業モデルの喚起、続いて起きる経験からのフィードバックによる内的作業モデルの変化の積み重ねは、半年、一年、という単位で見ると、あるパターンを描いてある種の内的作業モデルの型を観察することができると考える。そして、その観察可能なパターンは、一般的な対人関係における内的作業モデルとして汎化し、思春期以降の人であれば大抵自分でもある程度意識化しているし、時には、他者からもこういうパターンがある、とフィードバックを受けることもあるだろう。このような最大公約数的なアタッチメントの内的作業モデルはある程度の持続性を持っていると考えられる。ＡＳＩはそのようなアタッチメントの内的作業モデルの表れを、対人関係におけるその人の態度の自己報告を通じて、アタッチメント・スタイルとしてとらえようとしている。

そして、ある人の中で優勢な内的作業モデルがどの程度安定的（secure）なものであるかということは、その人の対人関係の中でどの程度安定的なアタッチメント関係を築くことができるかという目に見える形に結実していると仮定している。この程度を具体的に測定し、安定的なアタッチメント関係の人数として数量化したものがＡＳＩの安定的なアタッチメント関係を作る能力の尺度である。

極めて影響力の強い経験をすると、優勢な内的作業モデルの質が大きく変化することがある。大雑把にいえば、それが肯定的な経験であれば、内的作業モデルは安定的な方向へ変化し、否定的な経験であれば、内的作業モデルは不安定な方向へ変化すると考えられる。これが、アタッチメントのパターンの可変性であろう。筆者は、幼少期の体験により基本的なパターンができることは確かだと考えるが、幼少期以降の環境の変化やライフイベントによってアタッチメントの内的作業モデルが変化する可能性もあると考えている。また、心理療法は、人為的に内的作業モデルの質を安定的な方向に変化させる営みを含んでいると考える。

臨床的介入において重要なのは、クライエントの全体としての自己表象・他者表象の質がどのようなものであるかという静的な記述や分類よりも、クライエントと生産的な治療関係を作ることを妨げるクライエントの特徴はどのようなものであり、どうすれば、その妨げをのりこえて関係を作り、展開させていけるかという動的なモデルである。

その視点から見ると、バーソロミューの内的作業モデルは、自己と他者のそれぞれについての表象、すなわちイメージと、自己と他者の相互作用についての予想という動的なモデルの双方を含みつつも自己モデル、他者モデルを肯定的、否定的という大きな枠組みに集約してとらえ、結果として静的な記述モデルとなっている。それに対して、ビフィルコらが開発したＡＳＩの内的作業モデルは、信頼感、親しくなることへの妨げ、拒絶されることへの恐れ、自己信頼、親密さへの欲求、離れることへの恐れ、怒りという、より分化した尺度により構成されており、臨床的な介入に有用な動的なモデルである。

ＡＡＩの内的作業モデルは、養育者の内的表象に対する無意識の防衛過程やその人のメンタライズの程度を知る上では有用であるが、現在のその人のアタッチメントの内的作業モデルの全体をとらえるには限界がある。また、筆者はメンタライズの能力も大切だが、アタッチメントの内的作業モデルが安定的なものになることも精神的な健康にとって重要なのではないかと考えている。内的作業モデルが安定的なものであることが精神的健康の防御要因になるという点については、４章で論じる。

内的作業モデルが安定的なものとして持続するために重要なのは、言うまでもなく、クライエントの身近なアタッチメント対象である。したがって、治療関係の中で安定的なアタッチメント関係を築くだけでなく、現実のクライエントを取り巻く環境の中で、クライエントのアタッチメント対象が誰であるのか、誰でありうるのかを特定し、その人のアタッチメント関係が安定的な関係になっていくことを意識しながら援助することも重要である。アタッチメントの視点から見た臨床的なアセスメントや関係作りについては、５章で論じる。

文献

（1）安藤智子・遠藤利彦「青年期・成人期のアタッチメント」（数井みゆき・遠藤利彦編）『アタッチメント――生涯にわたる絆――』ミネルヴァ書房、京都、二〇〇五年、一三二頁
（2）数井みゆき・遠藤利彦編『アタッチメント――生涯にわたる絆――』ミネルヴァ書房、京都、二〇〇五年
（3）Prior, V. & Glaser, D. 2006. *Understanding Attachment and Attachment Disorders*. The Royal College of Psychiatrists, London.（加藤和生監訳『愛着と愛着障害――理論と証拠にもとづいた理解・臨床・介入のためのガイドブック――』北大路書房、京都、二〇〇八年）
（4）Main, M. & Goldwin, R. 1984. *Adult Attachment scoring and classification system*. Unpublished manuscript University of California, Berkeley.
（5）Hazan, C. & Shaver, P. 1987. Romantic love conceptualized as an attachment process. *Journal of Personal and Social Psychology*, 51:67-76.
（6）Bartholomew, K. & Horowitz, L.M. 1991. Attachment styles among young adults: A test of a four category model. *Journal of Personality and Social Psychology*, 61:226-244.
（7）Roles, W.S. & Simpson, J. ed. 2004. *Adult Attachment: Theory, Research, and Clinical Implications*. Guilford Press, New York.（遠藤利彦・谷口弘一・金政祐司・串崎真志監訳『成人のアタッチメント――理論・研究・臨床――』北大路書房、京都、二〇〇八年）
（8）Bifulco, A., Lillie, A., Ball, B. & Moran, P. 1998. *Attachment Style Interview（ASI）: Training manual*. Royal Holloway, University of London, London.
（9）遠藤利彦「愛着と表象　愛着研究の最近の動向――内的作業モデル概念とそれをめぐる実証研究の概観――」心理学評論、第三五巻、二〇一―二三三頁、一九九二年
（10）前掲書1、一四四―一四八頁
（11）数井みゆき・遠藤利彦・田中亜希子・坂上裕子・菅沼真樹「日本人母子における愛着の世代間伝達」教育心理学研究、第四八巻三号、三二三―三三二頁、二〇〇〇年
（12）Fonagy, P., Leigh, T., Steele, H., Kennedh, R., Mattoon, G., Target, M. & Gerber, A. 1996. The relation of attachment status, psychiatric classification, and response to psychotherapy. *Journal of Consulting and Clinical Psychology*, 64:22-31.
（13）Fonagy, P. 2001. *Attachment Theory and Psychoanalysis*. Other Press, New York.（遠藤利彦・北山修監修『愛着理論と精神分析』誠信書房、東京、二〇〇八年）
（14）Bateman, A.W. & Fonagy, P. 2004. *Psychotherapy for Borderline Personality Disorder: Mentalization-based Treatment*. Oxford

University Press, London.（狩野力八郎・白波瀬丈一朗監訳『メンタライゼーションと境界パーソナリティ障害――ＭＢＴが拓く精神分析的精神療法の新たな展開――』岩崎学術出版社、東京、二〇〇八年）

（15）Bowlby, J. 1969, 1982. *Attachment and Loss. vol.1: Attachment.* Hogan, London.（黒田実郎・大羽蓁・岡田洋子・黒田聖一訳『母子関係の理論　Ⅰ　愛着行動』岩崎学術出版社、東京、一九九一）邦訳二七四頁

（16）前掲書1、一五〇頁

（17）Bifulco, A. 2008. *The Attachment Style Interview for Research and Clinical Practice Unpublished User Guide.* Lifespan Research Group. Royal Holloway, University of London, London.

（18）吉田敬子・林もも子・Bifulco, A.「アタッチメント・スタイル面接による養育の対人関係能力の評価方法――日本版 Attachment Style Interview（ASI）の信頼性と有用性の検討――」精神科診断学、第一四巻、二九―四〇頁、二〇〇三年

（19）Bifulco, A., Moran, P., Ball, B. & Bernazzani, O. 2002. Adult attachment style. I: Its relationship to clinical repression. *Social Psychiatry and Psychiatric Epidemiology*, 37:50-59.

（20）Bowlby, J. 1988. *A secure base.* Routledge, London. p.156.

（21）Roles, W.S. & Simpson, J. ed. 2004. *Adult Attachment: Theory, Research, and Clinical Implications.* Guilford Press, New York.（遠藤利彦・谷口弘一・金政祐司・串崎真志監訳『成人のアタッチメント――理論・研究・臨床――』北大路書房、京都、二〇〇八年）邦訳五八頁

（22）Erikson, E. H. 1959. *Psychological Issues: Identity and the Life Cycle.* International University Press, Boston.（小比木啓吾訳編『自我同一性』誠信書房、東京、一九八一年）邦訳六一―七三頁

（23）Young, J.E., Klosko, J.S. and Weishaar, M.E. 2003. *Schema Therapy:A Practitioner's Guide.* Guilford Press, New York.（伊藤絵美監訳『スキーマ療法――パーソナリティの問題に対する統合的認知行動療法アプローチ――』金剛出版、東京、二〇〇八年）

（24）前掲書15、四二五―四二六頁

第3章　思春期におけるアタッチメント

1　思春期の始まり

思春期とは、第二次性徴の始まりとともに訪れる時期である。第二次性徴とは、ホルモンの急激な変化により生じる身体の変化である。女の子は初潮があり、乳房がふくらみ、体型がまるみを帯びはじめる。男の子は精通があり、声が変わり、体型が筋肉質になって肩幅が広くなる。また、両性ともに陰毛が生え、体臭が強くなる。こうした明らかな変化により、いつかは大人になるだろうがそれは先のことだ、と思っていた子どもの時代は終わりを告げる。思春期に入った子どもは大人になりつつある自分、性的な存在としての自分を、内側から身体的な衝動として感じたり、外側から女性、男性として見られることにより意識したりする。それは、思春期という名の通りに春として、成長の喜びとして感じられることもあれば、子どもとして保っていた自分というまとまりが崩されたと感じられて心身のアンバランスが生じることもある。インターセックスの子どもたちにとっては、自分の性的なアイデンティティをめぐる葛藤や周囲の同年代の子どもとの関係の困難さが強くなる時期である。また、思春期にはとまどい、気分の高揚、落ち込みなどを感じ、感情の変化が大きくなることが多い。感情のコントロールに失敗すると性衝動や攻撃衝動が極端な形をとり、いわゆる問題行動となることもある。

対人関係においては、学校のクラス、部活動、塾、習い事など、家庭の外での集団における対人関係の比重が家族よりも大きくなる。この対人関係の比重の変化は児童期から始まっている。しかし、思春期が始まると、多くの場合、同一化の対象が、家族など養育の場以外の人や集団に移行する。同一化とは、精神分析学の古典的な定義によれば、他者の外観や特性や属性を自分のものにし、その手本に従って、全体的あるいは部分的に変容する心理過程である。[1] また、同一化をミーム学の視点から見ると、その人から多くのミームを同時に伝え渡されることである。いずれにしても、思春期における心理的にもっとも重要な所属集団は友人や同世代の集団、学校のクラスなどになることが多い。

人の自己像、自分とは何者かという問いに対する答えは、人体がある程度同じ形を保っているように見えつつもその実、細胞が時々刻々と新しいものに入れ換わっているように、ある程度同じようでありつつも、時々刻々と変化している。自己像（自己複合体ミーム）は、周囲の人々のまなざしやふるまいや言葉などから読み取られ、感じとられる自分の姿と、一方で自分の中から生まれる自分に対する言葉と言葉にならない感じとで構成されている。そして、思春期の子どもにとってもっとも強く響く他者からの自己像のフィードバックは、同世代の子どもからのものである。この時期に受けるいじめがＰＴＳＤをもたらすと言われるまでに大きな傷を子どもたちの心に残すのは、その傷が、自分が何者であるかという自己像の中核を傷つけるからだろう。[2]

ただ、家族など養育の場における身近な対人関係の影響がなくなるわけではない。特に、同世代集団からひきこもる生活を選択した子どもの場合には、家族などの身近な他者からの自己像のフィードバックは大きな影響力を持っている。また、同世代集団からひきこもっている子どもの場合に、本やテレビ、インターネットなどのメディアを通じて接触する他者が同一化の対象となっていることもある。しかし、そのような間接的な接触の他者への同一化によって主に形成された自己像を持った子どもたちは、再び、現実の対人関係の場に出ていって、同世代の人からの直接的な自己へのフィードバックに直面する時に恐れや不安を感じる場合も多い。これまでにも言い古されたことであるが、同世代の友人関係は、その欠如も含めて思春期の子どもの心の発達にとってかなり重要な位置を占めている。

2　自立をめぐる葛藤

現代の日本においては大学進学率が高くなり、一人前の社会人として巣立つ年齢がかつてに比べてかなり先になったとはいえ、思春期に入るころには、いつか大人になる自分の姿を現実的に思い描きはじめる。抽象的な思考能力の増大とともに、自分を取り巻く環境に対する批判力、物事を相対化する力ができてくる。思春期は自分が社会の中でどのような位置で何をして生きていくのかという、アイデンティティの問題に直面する時期でもある。すなわち、自立した成人になる準備期であり、いわゆる親離れ、養育者からの自立が心理的な課題となる。

一方で、現実的に将来を考えることから逃げて、とりあえず目の前の活動、勉強やスポーツや趣味や遊びに逃げ込んだり、一人の世界にひきこもったりする子どもも多い。多くの子どもは、学校に行くことなどの日常生活の形を表面的には保って「適応」しつつ部分的に逃避世界を持って生活しているが、中には周囲から「ひきこもり」「不適応」として問題視されるような形をとらざるをえなくなる子どもたちもいる。

山中康裕[3]は、不登校児の中で、登校強迫、ひきこもり、性同一性拡散、先取り的思考、高い自尊心、興味限局、といった特性が中核構造をなす子どもたちを、治療実践の立場から「内閉神経症」と呼ぶことを提唱した。山中は、彼らについて、外的には社会的自我の未成熟とされる消極面を持ちつつも、内的には「退行」し、しかもそれは次なる「新生」をもたらすための「さなぎの時期」とでも言うべき積極面を併せ持っている、と論じた。そして、「内閉」を保証し、彼らの話に耳を傾け、イメージの展開や興味の窓を尊重し、あるいは、動植物を育てるなどの象徴的な成熟の過程を共にすることによって、内的な旅の同行者としてつきあい、彼らの内的成熟を待つ、という治療論を展開した。この治療論は、内閉神経症の特性を持つ子どもたちに限定した技法論である。しかし、これを一般化してしまったのか、あるいは、他の言説を発端としているのかはわからないが、学校関係者や心理療法の専門家の一部に、不登校の子どもにはとにかく登校刺激をしない方がいい、という言説が流布されているのは残念なことである。不登校とは登校しない状態が継続しているという現象をひとくくりにした記述用語であり、その原因も対策もかなり多様だからである。

それはさておき、内閉神経症に該当する子どもの場合には、子どもの内的な成熟の旅に治療者が同行する一方で、子どもを取り巻く周囲の大人が子どものひきこもりをそっと温かく見守る、卵を抱えてあたためるような姿勢を取ることが大切である。臨床の現場において、カウンセラーとして親を支え、親が子どもを抱えて待つことに成功すると、子どもに対する直接の介入をしなくても、子どもがやがて自ら巣立っていくことに立ち会うこともある。

一方、子どもの成長を待てず、親のいらだちから親子の関係が葛藤的なものになり、子どもを心理的に抱えることに失敗しつつ経済的には抱え込んでいるという家庭もある。斎藤環[4]は、精神的な健康度がそれほど低くないにもかかわらず、葛藤で身動きがとれなくなって社会に出られない状況が続いている一群の子どもたちを「社会的ひきこもり」と名付けた。

また、近年注目されるようになった発達障害や、さまざまな精神病理的な問題や、身体的な病気に端を発し、集団生活や家庭の人間関係において不適応を生じて自立への道を踏み出すことが困難な思春期の子どもたちもいる。そういう子どもたちにとって、安定的なアタッチメント関係は適応を援助するものとなる。精神的な健康の防御要因としての安定的なアタッチメント関係については4章で論じる。

3　現代の日本社会における思春期

思春期の友情や恋、親や教師や友人との葛藤、アイデンティティをめぐる葛藤のテーマは、時代とともに変化しつつも、小説・漫画・アニメ・ドラマ・映画・歌などの中で繰り返し描かれつづけている。かつて、思春期は疾風怒濤の時代と呼ばれ、荒れ狂う風や波にもまれる船のような激しい変化の時期として語られた。しかし、現代の日本においては多くの思春期の青年は、ドラマや歌などの世界で擬似的な疾風怒濤体験をしたり、親世代と異なるファッションや遊びなどによって自己主張をしたり、スポーツや創作活動や勉強などに打ち込んだりすることで性衝動や攻撃衝動を発散させたりしながら、全体として平穏な思春期を送っている。

それでも中には波乱万丈の思春期を送る子どもや、葛藤のベクトルが内に向いて精神的、身体的な病気を発症する子どもたちも一定数いる。個人の特性、個人を取り巻く集団の特性、集団の置かれた地域の特性、経済、文化、時代などの多様な要因がからみあって、マイナスの方向に突出した場合には、自傷他害、自殺、他殺など、マスコミをにぎわす事件になることもある。しかし、一時期、マスコミが言いたてた少年犯罪の凶悪化は統計的に見れば間違っていることは多くの識者の指摘するところである。[5] 滝川は、[6] 現代の日本は経済的に豊かになり、子どもたちを手厚く育てていると述べている。

全体として見ると、日本の思春期の子どもを取り巻く環境は、世代間の葛藤を顕在化させにくい方向に変化している。すなわち、日本社会は近代化が進み、個人主義が浸透し、共同体的なものや「世間」が希薄になってきている。情報化が進み、現実に生活している場が相対化されやすいことも、「世間」の実感を失わせた一因である。また、親世代の価値観が社会の流動化により全体的に昔に比べて確固としたものでなくなり、ものわかりのよい、柔らかい大人が増えている。さらに、情報化社会の中で子どもから大人まで一様に情報の洪水に溺れていて、世代による情報の量的・質的な違いが減っていることも、世代間の境界をあいまいにしている。ミーム学的にいえば、情報化により、多様かつ強力なミームが氾濫し、世間ミームはその中に埋もれてかつての神通力を失いつつあるということになるだろうか。

一方、高校の教師という立場から子どもたちを観察してきた諏訪[7]は、このような日本の社会全体の変化は、子どもの変化をもたらしていると述べている。かつては児童期に入るころに、普遍的なものや大人社会の壁に出会って否応なく縮小が生じていた子どもたちの幼児的全能感が、思春期にいたっても温存されており、社会化されていない子どもが増えたという。精神分析理論の言葉を使えば、超自我の発達に問題のある子どもが増えたということである。諏訪は、子どもたちの幼児的全能感の温存に加えて、消費社会化が進み、学校に入る前から子どもたちが消費者としての「個」としてできあがっていること、消費者として交換原理が骨の髄までしみついていることが、「新しい子ども」を作っていると論じる。諏訪は、教育を考えるうえで戦後を次のように三つに分けて論じている[8]。

戦前から続いている「農業社会的」近代は一九四五（昭和二〇）年から六〇（昭和三五）年ぐらいまでと想定している。「産業社会的」段階は六〇年から七五（昭和五〇）年ぐらいの短い期間、「消費社会的」レベルは七六（昭和五一）年から現在までだが、九〇（平成二）年を越えてからもうひとつ次の時代に入っている見方も有力である（東浩紀、二〇〇一。大澤真幸、二〇〇五）。六〇年ぐらいまでは都市においてもまだ地域的な共同性が残っており、子どもたちが縦の年齢集団で集団遊びをしていた時期である。六〇年以降は家庭へのテレビの普及や空き地の消滅などによって子どもがあまり外へ遊びにいかなくなり、遊んでも同じ学年の子ども集団になっていく。学校とのかかわりでいえば、もちろん「農業社会的」段階では学校が圧倒的な権威を地域（コミュニティ）や家庭に対して持ち、「産業社会的」レベルからその権威が揺れはじめ、「消費社会的」近代に達してから非常に不安定になっていると言えよう。

諏訪は、農業社会的な時期にはまだ残っていた共同体的な気風が、産業社会的な時期にはいり、家庭生活が商品経済化することによって失われ、「個」の自立がうながされたという。この時期から、テレビとお金の力によって子どもたちの「個」の意識が強くなり、共同体的なものからの精神的離脱が促されたという。そして、諏訪は、消費社会的な近代にいたった子どもたちを次のように論じた。[9]

家庭や地域や情報空間における子ども（若者）たちがあまりにも自由であるために、学校はそれまでもより強力に子ども（生徒）たちに規制（抑圧）をしなければならなくなった。そして、学校は社会から孤立することになった。情報メディアとお金の発するメッセージによって子どもは社会から自立（一人前のおとな、生活者になる）するまえに、すでに「個」を「消費主体」として自立させている。学校のルールや決まりは子ども（生徒）たちが学校へ入るまえにすでに決まっている。そういう共同体的なものは、まずは「従うべき」という姿勢が子どもの側になければ理解できないものである。「個」が自立するとはこの「従うべき」という姿勢が消えてくることであり、すべてにおいて子ども（生徒）の「この私」が受け入れるか受け入れないかを判断するようになったのである。これはすでに「生徒」というひとりの子どもの公共的なあり方を回避しようという構えであり、ついに、形状や質量の定まらない「この私」を公共空間において瞬間瞬間に実現（充足）しようとしだしたとも考えることができる。

諏訪は、子どもや若者のすべてが「消費社会的」になっているわけではなく、いまでも「農業社会的」な子どももいれば「産業社会的」な子どももいるとして、そのキャラクターを次にように描写する。掃除の時、教師が机を運ぼうとする。「先生、私が運びます」と自分で運ぼうとするのが「農業社会的」な子ども、教師と一緒に運ぼうとしたり、教師がやっているんだから私もやらなくっちゃと思うのが「産業社会的」な子ども、あまりやりたがらず、極端な場合、教師がやっていても手を拱《こまね》いて見ているのが「消費社会的」な子どもだという。諏訪は結論として、公教育（普通教育）の役割は社会化であり、近代市民形成であると論じて、いわば共同体ミームの復権を提唱している。そして、否定的な「象徴的な父」であれ、不在よりはましである、と論じている。

筆者は共同体性の復活はその仕方によっては必ずしもよいことばかりではないと考えるので、諏訪の結論に全面的に賛成するものではない。しかし、諏訪の論じる子どもの変化については大学で学生と接してきた経験からも適確な記述だと感じる。また、社会の変化についての論考も同感である。

そして、共同体性が希薄になって消費社会化したことにより、子どもの自己意識の凝集性が薄くなったのではないかと考えている。さらに、共同体性の希薄化は、周囲の大人との同一化を困難にし、思春期の強力な武器である知性化・合理化・理想化・価値下げ・反動形成などの防衛機制を使いづらくしている。傷つきやすい、「心が折れやすい」子どもの増加という臨床現場での印象は、そのことと関係があるのではないだろうか。同一化の困難さ、いわば鎧のなさは、戦う相手としての「世間」の消失とあいまって、思春期の青年たちが、葛藤を葛藤として体験することを困難にしているのではないかと思われる。

また、消費社会、情報化社会である現代の日本では、小学校に入る前、すなわち幼児期より消費主体として自分の欲望を消費により発散する振る舞いを覚え、思春期や大人のドラマまでも情報として取り入れている子どもが多い。したがって、大人の世界に対する憧憬をあまり持たず、どこか冷めて思春期の訪れを迎える子どもも少なくないようである。それは、あらかじめインターネットなどで調べつくした場所に旅行に行って、既知の情報に現実として出会う時の感動のどこかものたりない感じに通じるものだろう。思春期の始まりはかつてのような秘密の花園への入口ではなくなったのである。

4　アタッチメント対象の移行

思春期に入る前、児童期までの子どものアタッチメント対象は、親など、子どもを主に養育している大人である。ある人が児童期までの子どものアタッチメント対象となるには、その人が身近で世話をしてくれ、いざという時に近づいて助けを求めることができる場所にいる必要があるからである。具体的には、両親、同居している祖父母、施設の養育スタッフ、保育園の先生などが児童期までの子どものアタッチメント対象となることが多い。一〇歳前後、年齢の離れたきょうだいが「親代わり」に子どもの面倒を見ている時には、そのきょうだいがアタッチメント対象となることもある。その他、親戚やお手伝いさんがアタッチメント対象となることもある。いずれにしても、児童期までの子どものアタッチメント対象は、身近にいる大人か、少なくとも子どもより年上の人である。

1章にも述べたように、ボウルビィは最初、母子関係の理論としてアタッチメント理論を構築した。しかし、その後のSSPなどを用いた多くの研究により、アタッチメント対象は母親だけではなく、父親、保育園の先生など、複数存在し、子どもはそれぞれの対象との間で、異なるアタッチメント・スタイルの関係を形成することがあることが知られるようになった。小学校の先生との間のアタッチメント・スタイルが、両親とのアタッチメント・スタイルではなく、保育園の先生とのアタッチメント・スタイルと関係していたという研究結果もある。子どもの対人関係の発達に影響する対人関係の文脈は複数あるのである。(10) したがって、たとえば、親が子どもを虐待してしまう場合に、子どもは保育園に預けられることで、安定したアタッチメント関係を保育園の先生との間で体験し、それによって全体としての心理的な成長が支えられることが期待できるのである。

思春期に入ると、子どもたちは、親や養育者をはじめ、それまでアタッチメント対象であった人から何らかの形で自立しようとしはじめる。これは、性的成熟に伴い、自分自身のつがいの相手をみつけようとする動物としての本能にかかわる自然の動きとしてのデタッチメントであろう。ボウルビィ(11)は、鳥類、哺乳類のアタッチメント行動は、思春期になると消失しはじめる、と述べている。ヒトのデタッチメントを文化として儀式化したものがイニシエーション（通過儀礼）であると思われる。

現代の日本では、イニシエーションはあいまいになっているが、思春期になると統制の難しい衝動を感じ、情動の統制が困難になるという事象は洋の東西を問わず観察されている。これがどの程度生物学的な駆動、遺伝子の引き紐につながれたものであるのか、認知的な成熟に伴う世界観や自己感の変化によるものなのか、文化的な駆動、ミームの引き紐につながれたものなのか、ということは明らかではない。恐らくそのどれもがからみあっているのだろう。ただ、思春期に自立に向けた動きが大きく生じるということは一般的に観察される事実であると言っていいだろう。

その自立の動きの一つが、親や養育者をはじめ、それまでアタッチメント対象であった大人たちに対する秘密が増えることである。多くの場合、まず秘密にされることは性をめぐる事柄であろう。性に関する空想や体験は恥の感覚を伴っているからである。その他の秘密として、自分の外見や癖や身体についての悩み、いじめられた体験や友人の噂、偶然知った家族の秘密、万引きなどの反社会的行為、将来の夢など、さまざまなものがある。前思春期の子どもを対象とした児童文学や思春期の青年を対象とした文学には秘密を扱ったものが多く見られる。

秘密は子ども一人の心の中に秘められる場合と、誰か他の人との間で共有される場合とがある。いずれにせよ、秘密は人と人の間に境界線を引く作用を持っている。子どもは、成長するに従って、親などの養育者をはじめとする大人たちから入りこまれない、目の届かない領域を作りはじめる。思春期の子どもに「何でも話しなさい」と迫る親や先生は「うるさい」「うざい」と拒否されることが多い。子どもの部屋に勝手に入って片づけるような行為が子どもの怒りを買うことがある。これらの拒否や怒りは子どもの自立に向かう健康な発達の表れである。児童期までは当り前だった「世話」が「余計なお世話」となっていくのである。

親や養育者に対してほとんど秘密を持たない子どもや、児童期までの「世話」と同じ量と質の世話を求め、平然と受けつづけている子どもは、何からの要因で自立に向かう発達が阻害されている子どもである。また、子どもに秘密を持たせない周囲の大人の行為は発達の妨害要因となる。この他にも思春期における発達の妨害要因はあるが、これらについては、4章で論じる。

自立が進み、秘密が増えるに従い、思春期の子どもは、親などの養育者をはじめとする身近な大人をアタッチメント対象として利用しづらくなっていく。子どもが助けを求めたい事柄、危機に直面している事柄に、身近な大人には秘密にしておきたい事柄と関連することが増えていくからである。そして思春期の子どもがアタッチメント対象として選択するのが、同年代の友人や先輩、あるいは、家庭や養育の場以外の、垂直ではない斜めの関係の頼れる大人、たとえば、友人の親や、部の顧問の先生、親戚の人、バイト先の大人などである。しかし、多くの思春期の子どもは、親などの養育者の次にアタッチメント対象として同性の友人を選択しているようである。

アタッチメント関係はアタッチメント対象に対して秘密を持っていることと共存するものである。したがって、思春期の子どもにとって、依然として危機に瀕した場合に最初に脳裏に浮かぶ第一のアタッチメント対象は親などの身近な養育者であることが多いようである。一方、実際のアタッチメント行動を聞いてみると、身近な養育者ではなく同世代の友人をアタッチメント対象としているという興味深い現象が見られる。これは、ＡＳＩを実施した中で思春期の子どもたちの多くに見られた現象である。ただし、ＡＳＩでは生命を脅かすような重大な危機的事態におけるアタッチメント行動までは把握していないので、本当にいざとなった時に接近するのは依然として養育者であるかもしれない。親などの身近な養育者の内的表象は、一生を通じて心の中で重要な位置を占めているものなのだろう。日々の臨床経験の中でもそれは実感されるし、また、「ＡＡＩ」を用いた研究のさまざまな結果も、それを支持している。

しかし、思春期は、親などの身近な養育者から分離し、自立しようとする方向に心身ともに動かされているため、親などの身近な養育者が自分にとって接近したいアタッチメント対象であることを否認しようとする力が働く場合が多い。否認は、反抗や反発や無視という形に出る場合と、親に迷惑をかけたくないという気遣いという形に出る場合、その両方の間を揺れる場合などがある。子どもが自殺した時に、そこまで追い詰められる前になぜ親に相談しなかったのか、という問いをたて、何でも話せる親子関係を築くべきだ、という答えを出す言説をみかけることがある。これは、常に親がアタッチメント対象であるはず、あるべきだ、危機に際してはアタッチメント・システムが起動するはずだ、という暗黙の前提に立つ言説である。しかし、思春期は、その子どもが自立に向けて成長していればいるほど、親がアタッチメント対象として希薄化し、否定されがちな時期なのである。したがって、移行期特有の危険は常に伴っている。すなわち、親などのアタッチメント対象との関係がアタッチメント・システムの起動に際して使えない状態になっている一方で、アタッチメント対象として新たに選択された友人などが突然アタッチメント対象として使えなくなった場合、アタッチメント対象の不在というエアポケットのような状況が生じるのである。

移行期であるゆえのエアポケットが生じる場合は、その子どもはアタッチメント関係を作る能力がある。しかし、アタッチメント関係を作ることが困難なアタッチメント・システムが起動することそのものが難しい子どももいる。アタッチメント・システムが起動してアタッチメント対象に接近するたびにアタッチメント対象から拒否されたり攻撃されたりした、あるいはアタッチメント対象が不在で接近のしようがなかった、などの経験を重ね、アタッチメント・システムの起動そのものが極めて困難になってしまった場合である。虐待やネグレクトがこれにあたる。

一方、多くの場合、アタッチメント対象として親などの養育者を選択しなくなるに従って、思春期の青年は同世代の友人や恋人、養育の場の外にいる大人をアタッチメント対象として選択する。特に、同世代の友人や恋人との関係においてアタッチメント・システムが起動し、アタッチメント関係を相互に体験することは、やがて大人になり、自らがアタッチメント対象となる立場に逆転していくにあたって重要な役割を果たす。親などの養育者から離れる一方で、同世代の友人や恋人ではなく、養育の場の外にいる大人だけを「親代わり」にアタッチメント対象として選択したり、友人や恋人をアタッチメント対象として頼る一方であったりする青年の場合は、まだ自らがアタッチメント対象となる準備は整っていないといえよう。

5　アタッチメント関係と友人関係

1　友人関係の発達

次に、友人関係の発達をたどりつつ、アタッチメント関係と友人関係のかかわりを見ていこう。精神分析理論の流れにおいて、かつては、エディプス期まで、すなわち小児期までの発達が、人格形成および精神病理に対してほぼ決定的に重要なものとしてもっぱら焦点化されていた。その中で、八歳以降の前青春期、青春期も重要な人格発展の時期である、と明言し、この時期の対人関係と自己発達を理論化したのは、精神科医のH・S・サリヴァン[12]である。サリヴァンの理論の生物学的な部分は、すでに時代遅れになっており、対人関係論、人格発達理論についても、たとえば同性愛や女性についての記述には当時のアメリカ社会における偏見が記述を歪めていると感じられる部分も多い。しかし、それらをさしひいて読めば、サリヴァンの精神科医としての前思春期の対人関係の人格発達への影響の観察と概念化は現代の日本の思春期を考えるにあたっても有用な部分を多く残している。

サリヴァンは、対人関係と人格発達の理論化の中で、前青春期、すなわち思春期の始まる前の児童期から青年期の友人関係をギャング、チャムとして概念化した。保坂・岡村[13]は、グループ研究の文脈においてサリヴァンの概念を発展させ、ギャング・グループ（gang-group）、チャム・グループ（chum-group）、ピア・グループ（peer-group）という三段階の仲間集団の発達位相の仮説を立てた。保坂らの論文を引用する。

われわれの経験（青年期メンバー中心のグループ）からグループにおける仲間関係の特徴を見ていくと、おおよそ以下の三つの位相があるように思われる。

1　ギャング・グループ　外面的な同一行動による一体感（凝集性）を特徴とする。グループでは、コンパやゲーム、スポーツなど全員で同じ行動をとることによって仲間意識が持てるような状態で、主として言葉のやりとりより行動が優先される。（筆者註：コンパとは、飲み会のことである）

2　チャム・グループ　内面的な互いの類似性の確認による一体感（凝集性）を特徴とする。グループでは、お互いの子どものころの経験など似たような体験を語り合って共感しあうような状態である。

3　ピア・グループ　内面的にも外面的にも互いに自立した個人としての違いを認め合う共存状態。グループでは、親のこと、対人関係の持ち方、価値観などを話し合う中で、他の人との違い、自分の中のものの確認が行われていく。

そして、これらの位相は、青年期の仲間関係の発達段階に対応させることもできる。すなわち、

1　ギャング・グループ　小学校高学年頃、思春期の発達課題である親からの分離－個体化のための仲間集団を必要とし始める時期に現れる徒党集団である。彼らは同一行動による一体感を重んじ、集団の承認が家庭（親）の承認より重要になってくる。

2　チャム・グループ　中学生あたりによく見られる仲良しグループである。このグループは、興味・趣味やクラブ活動などで結ばれ、互いの共通点・類似性を言葉で確かめ合うのが基本となっている。サリヴァン（一九五三）のいうチャム（親友）は、こうしたグループの中から生まれ、つねに行動を共にするほど特別に親密な友人、を指していると考えられる。

3　ピア・グループ　高校生以上において、上に述べたチャム・グループとしての関係に加えて、互いの価値観や理想・将来の生き方等を語り合う関係が生じてくるグループである。ここでは、共通点・類似性だけでなく、たがいの異質性をぶつけ合うことによって、他との違いを明らかにしつつ自分の中のものを築き上げていくことが目標になってくる。そして、異質性を認め合い、違いを乗り越えたところで、自立した個人として共にいることができる状態が生まれてくる。

このように、保坂らは、青年期グループの特徴を仲間集団の発達になぞらえて、仲間関係の発達を仮定した。保坂らが提唱した「ギャング・グループ位相」概念は、「ギャング・エイジ」とまぎらわしい名称であり、ギャング・グループとギャング・エイジを同じものとした記述も散見される。しかし、保坂らの「ギャング・グループ位相」は、小学校高学年ごろの前思春期を対象としており、小学校中学年ごろにみられる仲

間集団の「ギャング・エイジ」（徒党集団）という発達心理学の概念とは異なる発達段階の仲間関係を想定している。ギャング・エイジは、同一行動による一体感を重んじる「群れる」集団であり、集団の承認が家庭（親）の承認より重要であるという点では保坂らのギャング・グループと共通であるが、思春期の開始以前の集団である。

保坂らの提唱した仲間集団の発達について実際に調査した研究の主なものは二つである。手塚千恵子・古屋健[14]の小学校五年生から大学一年生までの一、一六六人を対象とした質問紙研究においては、ギャング、チャム、ピアの三因子が抽出され、男子は小学校五年生でギャング、高校二年生でチャムが高く、一貫してギャングが高く、一方女子では中学一年生以降にチャム、高校二年生でピアが高くなり、一貫してチャムが高くピアは低かった。一方、黒沢幸子・有本和晃・森俊夫[15]の小学校五年生から高校三年生までの一、九四六人を対象とした質問紙研究において、ギャングとチャムは一つの因子として構成された。

筆者は、保坂らの言う青年期の仲間関係の発達段階としてのギャング・グループとチャム・グループは、思春期の発達課題である親からの分離－個体化のための仲間集団である、という意味では同じ発達段階の仲間集団の異なる行動を表しているのではないかと考える。保坂らは青年期グループの相互作用の観察から、ギャング・エイジへの退行現象を「ギャング・グループ」として「チャム・グループ」と分けて記述し、それを思春期の仲間関係の発達段階として概念化した可能性があるのではないだろうか。筆者のエンカウンター・グループ経験からも、たしかに青年期グループの位相としては、ギャング・エイジに退行した、同一行動による一体感が顕著な位相と、内面的な類似性を確認しあう、言葉のやりとりによる一体感が顕著な位相は異なる位相として分けられる。しかし、発達段階に照らす場合には、前者はギャング・エイジ・グループであって、思春期の発達段階とは言えないのではなかろうか。また、手塚らの研究で、男子にギャング・グループが、女子にチャム・グループが多くみられたのは、相互同一化による一体感の表現の仕方の違いであり、男子は行動で、女子は言葉で一体感を表現することが多いためではないだろうか。この点については、今後の研究が待たれる。

2　ギャング・エイジ

ギャング・エイジまでの、すなわち小児期から児童期にかけての子ども同士が仲良くなるきっかけは、席が近い、クラスが同じである、など、接触頻度の高さであることが多い。この位相における友人関係は、内面的な結びつきをあまり伴わないので、外側の要因で簡単に変化することが多い。たとえば、クラスが変わると遊ぶ友達が変わる、引っ越して物理的に離れると友人関係が自然消滅するなどである。そして、友人であることを実感するのは、一緒に遊ぶ楽しさ、同じ活動をする中で感じる一体感を通じてである。ギャング・エイジにおける仲間集団は、サリヴァンが「ギャング」と呼んだものとは質的に異なる。サリヴァンは、思春期のチャム関係の友人のペアが集団となったものをギャングと呼んだのである。したがって、思春期以前の子どもの集団についてはサリヴァンの「ギャング」と区別するために、「ギャング・エイジ・グループ」と呼ぶのが適当ではないかと考える（表5）。

3　チャム関係

小学校の高学年あたりになると、子どもの抽象的思考能力、考える力が飛躍的に発達し、体験の幅が増大するにつれて、子どもは、言葉で意識するかどうかは別として、自分が自分として独特の存在であること、他者もそれぞれに独特の存在であることを理解し、これほどまでに異なる人と人がかかわることの難しさを体験的に理解しはじめる。また、親などの身近な養育者が自分のためだけに生きているのではない、自分自身の人生や価値観を持ったひとりの他者であること、いつまでも親や養育者の保護の下にいて生きていくこ

表5　友人関係の位相仮説

	年代	発達心理学	サリヴァン	保坂・岡村（1986）	土井（2008）	筆者の分類
児童期	小学校中学年頃	ギャング・エイジ				ギャング・エイジ・グループ
前思春期	小学校高学年頃			ギャング・グループ		チャム・グループ
思春期	中学生頃		Gang：Chumを包含	チャム・グループ：サリヴァンのGangおよび土井の優しい関係	優しい関係 サリヴァンのChumは包含せず （気をつかう関係）	
後期思春期	高校生頃から			ピア・グループ		ピア・グループ
成人期	社会人		成熟した対人関係			

とはできないことを理解しはじめる。言い換えると、人は孤独であるということを実感しはじめるのである。孤独をそのまま実感するのは容易ではないので、多くの子どもは孤独を否認して群れる。あるいは親などの養育者に依存する関係に退行する子どももいる。保坂らは、この段階の仲間集団を、親からの分離－個体化のために必要とされる集団であるとした。しかし、逆に、分離－個体化が子どもの中で進んだ結果、孤独な子どもたちが群れあい、相互同一化して自分の存在を確認しあっている集団が、保坂らの言うギャング・グループでありチャム・グループであるとも言えるのではないだろうか。また、内向的な性格から、あるいは、早熟さゆえに退行する同年代の群れに違和感を覚える一部の子どもは、群れることを厭い、あえて孤独の中に身を置く場合もある。さらに、そういう子どもの中には、まわりから「浮く」ことの危険を察知してあえて群れているようにふるまう子どももいる。

一方、分離－個体化が何らかの要因で進まない一群の子どもたちは、群れ、仲間集団に入ることができず、不登校になったり、心身の症状を出したり、その他、さまざまな不適応を起こすことがある。もちろん、不登校や心身の症状などの不適応の原因は、分離－個体化ができないことだけではなく、さまざまな要因が複合している。また、分離－個体化していても、学業などの挫折経験やいじめや家族内の葛藤をはじめ、さまざまな問題が不適応をひきおこすこともある。

そして、これはすべての子どもに訪れる幸運ではないのだが、分離－個体化が進む過程で、水入らずの、すなわち特別な親密性（intimacy）を持った親友、チャム（chum）、とサリヴァンが呼ぶ関係が出現する。幸運と書いたのは、この水入らずの親友関係をしっかりと体験することが、それ以前に親などの養育者との関係などにおいて傷ついている場合にもそれを癒すことが多いからである。さらに、この水入らずの親友関係の体験が、他者への共感的理解、自己認識の相対化、自己評価の安定化など、さまざまな心理的成長をもたらし、ひいては、恋愛関係における成熟した関係をもたらすからである。

サリヴァンによれば、チャムに対する関心は、誰にでも向かう一般的な関心ではなく、同性の特定の人一人に対する関心であり、今までにないまったく新しい関係である。サリヴァンは、この関係を「愛」の全面開花にはなはだ近いものの始まりを現すという。この関係は、直観的に、他ならぬ、まさに「この人」と関係を持ちたい、という思いに始まる関係である。直観的にというのは、それが極めて内面的な何かからくるものであるということである。これは、時には、いわゆる惚れこみのような感情にもなる。たとえば、夏目漱石の『こころ』の主人公の「先生」への思慕は、このようなチャム関係に入っていく人の様子をよく描いている。そして、チャム関係には相手との強い同一化がみられる。ちなみに、チャム関係は、初めてあらわれるのは思春期だが、親密な関係の始まりにおいては、一生を通じて繰り返しあらわれる関係である。

そして、この水入らずの親友関係であるチャムとの関係において、アタッチメント関係が生じる。すなわち、危機に直面した時に誰かに接近し、保護を求め、与えられるという関係が生じるのである。サリヴァン(16)

が「親友との水いらずの関係のおかげで安全保障感が大幅に増大し」と書いているのは、まさに安定したアタッチメント関係の成立をさしていると考えられる。また、太宰治の『走れメロス』[17]は友情におけるアタッチメント関係を劇的に描き出している。アタッチメント対象は、思春期に入り、チャム関係を持って初めて大人や年上の人ではなく、同世代の人に変わるのである。これは、思春期に入った段階で初めてアタッチメント対象という立場になる経験をするということを意味している。

ところで、保坂らが、仲間集団の発達段階として提唱したチャム・グループは、サリヴァンの「水いらずの親友」であるチャム関係よりも広い、思春期以降に見られる仲間集団を指していると思われる。保坂らのチャム・グループの中には、サリヴァンの提唱したような水入らずの親友関係を包含しているものと、そうでないものの両方が含まれると考えられる。サリヴァンの提唱したチャム関係を包含したグループは、サリヴァンが「ギャング」[18]と呼んだものに該当する。サリヴァンは、前思春期から出現する、チャムの二人組が複数組集まって、リーダーを中心にがっちりと徒党を組んで固まって協力関係を結んでいる集団をギャングと呼んだ。保坂らは、チャム・グループの中からサリヴァンの言うチャムが生まれると書いているが、サリヴァンの記述は逆である。まず、チャムの強いきずなが存在し、それが集まって集団となったものがサリヴァンの言うギャングなのである。チャムの強いきずなには、いわゆる友情だけでなく、指導者−被指導者関係の原型とサリヴァンが呼ぶような、リーダーへの惚れこみによるきずなも含まれる。そして、サリヴァンの言うチャムの集積体としてのギャング集団においては、安定したアタッチメント関係が生じることが多い。たとえば、保坂らの言ういわゆる仲良し集団、また、不良グループやヤクザ集団、まとまりを持って目標に向かって努力しているようなスポーツのチームやクラブなどの集団などにおいては、「面倒をみる」「世話をする」文化や暗黙のルールがアタッチメント・システムを支えるミームとして伝え渡されていくことが多い。そして、それらの集団の構成員にもよるが、集団の中心メンバーが安定型のアタッチメント・スタイルである時には、集団全体として安定したアタッチメント関係が生じることが多い。たとえば、生徒が危機に陥るとさっそうと現れて悪者をやっつけて守ってくれる先生を主人公にした人気ドラマ「ごくせん」はこうした集団の理想をコミカルに描いていた。大方の時代劇やディズニー映画なども安定したアタッチメント関係のある集団をミームとして伝えつづけている。

一方、土井隆義[19]が「友だち地獄」と表現したような、葛藤の要素を極力排除し過剰な配慮を必要とする「優しい関係」による集団は、保坂らの定義するチャム・グループには該当するが、サリヴァンの言うチャム関係は包含していない。土井は、現代の若者たちは、自己肯定感が脆弱なために、身近な人間から常に承認を必要としているが、「優しい関係」の下では、周囲の反応をわずかでも読みまちがってしまうと、その関係自体が容易に破綻の危機にさらされるので、極めて高度で繊細な気配りが求められるこの関係の維持に躍起とならざるをえない、と述べている。土井の言うほどに自己肯定感が脆弱な現代の若者が日本の中でどれくらいの割合を占めているかを推測するためのデータは寡聞にして知らない。しかし、土井がとりあげているような、いじめ、ひきこもり、自傷、自殺などの現象の背景の一部に、土井が「友だち地獄」と名付けたような特性を持つ仲間集団があることは確かだろう。土井の「優しい関係」は空気を読みそこなった者にとっては決して優しくない怖い関係なのである。「気をつかわなければならない関係」とでも言うべきだろうか。先にあげた黒沢ら[15]は質問紙研究において第一因子として「ピア・プレッシャー」という因子を抽出している。ピア・プレッシャー因子は「仲間はずれにされたくないので、話を合わせる」「友達と話が合わないと不安だ」などから構成されている。これは、土井が記述した気をつかわなければならない関係が少なからず存在することを示唆しているともいえよう。

この薄氷を踏むような「気をつかわなければならない関係」において、アタッチメント・システムが起動する場合には、傷つけられることを恐れて結果的に相手に近付くことを自分で抑えてしまう不安定 - 回避型のスタイルを取る場合が多い。このアタッチメント・スタイルが、極端に出た場合には相手の保護システムを起動させるのに失敗して、その結果安心を求めて得られない失望から、孤独感が強くなったり、自暴自棄の攻撃性が生まれたりすることもある。それが、ひきこもり、自傷、自殺などの現象につながっていくのである。

また、このような「気をつかわなければならない関係」の集団において不安定−両価型のアタッチメント・スタイルの人は相手にしがみつきたい気持ちが「気をつかうこと」を大きく凌駕した場合に、やはり相手の保護システムを起動させるのに失敗し、それどころか、アタッチメント対象とみなした相手から忌避されたり怒りをむけられたりすることもある。この場合も、見捨てられたという絶望感から自暴自棄になったり自傷他害の行動につながったりすることがある。

ただし、不安定型のアタッチメント・スタイルがすべてそのような不適応につながるわけではなく、「不安定型」のスタイルでの安定したアタッチメント関係もある。たとえば、お互いに傷つけられることを恐れてあまり相手に深い話をしない距離を置いた関係でお互いに相手の保護システムをあてにしないまま薄く長く続く関係もあれば、一方的にしがみつく人に対して甘えているなあと苦笑いしながらも頼られるのがまんざらでもないと甘やかしつづけるような関係が続く場合もある。これらは一種の適応的な関係である。不安定型のアタッチメントが不適応につながるのは、程度が極端な場合なのである。

4 ピア関係

保坂ら[13]は、青年期におけるチャム・グループの次の友人関係の位相として、ピア・グループ位相を仮定した。すなわち、「共通点・類似性だけでなく、たがいの異質性をぶつけ合うことによって、他との違いを明らかにしつつ自分の中のものを築き上げていくことが目標になってくる。そして、異質性を認め合い、違いを乗り越えたところで、自立した個人として共にいることができる状態が生まれてくる」と言う。これは、もっとも成熟した友人関係の位相の記述である。保坂らは、高校生くらいからこの位相がみられると仮定した。手塚ら、[14]黒沢ら[15]の研究は共にこれを支持しているが、ピア尺度の信頼性については、若干のあいまいさが残っている。ただ、ピア関係は他者に対する深い共感に基づく複雑な関係であり、表面的、意識的な自己報告を求める質問紙でピア関係を測定することには限界があるとも考えられよう。

サリヴァン[20]は、チャム関係の次に、異性との関係の出現を記述した後、自己尊敬ができるようになり、他者を過不足なく尊敬できるようになった、人間的に成熟した段階の対人関係を以下のように記述している。「顕著な成熟の成果は、親密欲求の出現と成長である。これは少なくとも一人の人間と協力（collaborate）しようという欲求である。〔中略〕この協力には、相手の欲求に対し、また相手の対人的安全保障感と不安の有無に対する敏感な感受性が非常にいきいきと活動しているという特徴がある。〔中略〕成熟人というのは、格別重大な支障がない限り、周囲の人物、自分の相手の人物の可能性と興味と限界と不安の対象などに対して、まったく共感的な理解が持てる人である」

ここで言う安全保障感は、安定的なアタッチメント関係において得られる心理的安全感とほぼ同じものを指していると考えてよいだろう。すなわち、ここで記述されているのは、安定したアタッチメント対象として機能できるようになった段階の大人である。サリヴァンがここに記述した成熟した段階に達している高校生はいるかもしれないが、どれくらいの割合なのか不明である。しかし、後期青年期に入ると、多くの「大人」になりつつある青年は、サリヴァンの描くような成熟した関係に歩みを進めており、同時にアタッチメント対象としての成長の歩みも進めていると考えられる。さまざまな若者バッシングの言説があるが、それらがあてはまらない「大人」の青年に出会うことの方が多いと感じるのは筆者の偏った実感だろうか。蛇足であるが、サリヴァンは、成熟は人格の完成ではなく、一生続く過程であることを明言している。

6　アタッチメント関係と恋愛関係

サリヴァンやエリクソン[21]は、同性の友人関係の発達の後に、異性との恋愛関係を経て、成熟した対人関係の段階があるとした。恋愛関係が、同性の友人関係でチャム関係を体験した次に起きるならば、アタッチメント対象となる経験をある程度経験した上で恋愛関係に入り、恋愛関係の中でもアタッチメント関係を経験すると考えられるだろう。

しかし、サリヴァンやエリクソンの時代とは異なり、現代の日本社会における思春期の子ども達は、必ずしも同性のチャム関係の次に恋愛関係を持つとは限らないと思われる。エリクソンの翻訳なども手がけた心理学者の村瀬孝雄が一九九六年に『中学生の心とからだ』[22]で描いた思春期は、同性の仲間集団から恋愛関係に歩を進めるという図式にのっとっている。しかし、現代の日本では、少数派ながら小学校高学年ごろから「つきあう」、つまりカップルを作る子どもも出てきており、恋愛の始まりは、情報化や身体的な早熟化とあいまって早まっているようである。とはいえ、恋愛関係の質は、その人の対人関係の発達位相に応じたものであり、小学生の恋愛の大半はギャング・エイジらしく、学校から一緒に帰る、一緒に遊ぶなど、行動を共にすることで一体感を持つことが主であり、ごっこ遊びの閾を出ないことが多いだろう。ギャング・エイジの子どものアタッチメント対象は前述のように養育者である。

思春期に入ると、より多くの青少年が恋愛関係を持ちはじめる。一九九〇年代は援助交際をする高校生の存在がマスコミで注目をあびた。[23]しかし、二〇〇五年の調査によると、高校三年の初交累積率は、男子三五・七パーセント、女子四四・三パーセントであるという。[24]性的な事柄は極めて個人的な秘密にかかわるため、調査への正直な回答がどれほど期待できるかは疑問であり、真の実態を把握するのは困難だろう。時代による割合の変化は確かにあると思うが、一部には奔放にあるいはお金のために性的な関係を持っている子どもたちがいて、一部には、性衝動を昇華して性関係を持たない子どもたちがいて、一部には真剣な恋愛関係の中で性関係を持つ子どもたちがいて、その他にもさまざまな子どもがいるだろうとしか言えない。本書では、性的な関係を持つにはいたらなくても、特別に親密で恋愛感情をまじえたつきあい、という広い意味の恋愛関係を恋愛関係と呼ぶものとする。そういう広い意味での恋愛関係を持っている思春期の子どもの多くは、恋愛関係と同時並行で同性の友人との間でもチャム関係を発展させているようである。

そして、本気の恋においてはチャム関係が生じると考えられる。一方、遊びの恋もこの年代には多い。本気の恋では相手をアタッチメント対象とみなすが、遊びや打算の恋にアタッチメント・システムは起動しない。したがって片方が本気の恋であって、片方が遊びの恋や打算の恋である時には悲劇が生じる。ただし、実際のところ、何をもって本気の恋というかと言われればその定義は極めて難しい。「他人の恋の話と夢の話ほど聞いていて退屈なものはない」と言う言葉もあるように、恋愛とは極めて個人的で主観的なものだからである。

ここでは、松井豊(25)が紹介しているリーの恋愛の分類に従って、マニア型、アガペー型、エロス型を本気の恋、ストーゲイ型を友情の恋、ルダス型を遊びの恋、プラグマ型を打算の恋、とする。心理学、社会心理学、社会学の領域で、恋愛のテーマを追求した研究は数多くある。松井は、それらを紹介した上で、恋愛関係の要素や発達、男女差について、自らのさまざまな日本における青年の調査研究をもとにまとめている。これらは主に大学生以上の人を対象とした研究なので、ピア関係位相の恋愛関係をとらえているものが多いだろう。しかし、恋愛の諸相の分類については、思春期のチャム関係位相における恋愛にもあてはめることが可能であると思われる。

松井によると、マニア型の恋愛とは、独占欲が強く、憑執、被愛などの激しい感情を持ち、強迫的で嫉妬深く、熱中し、愛されていることを繰り返し確かめたがるような、激しい感情を持つ恋愛である。アガペー型の恋愛とは、相手の利益だけを考え、相手のために自分を犠牲にすることもいとわない愛であり、嫉妬しないで相手のために気をつかい、自分のすることに見返りを求めない恋愛である。エロス型の恋愛とは、恋人の外見に強烈な反応を起こす恋愛で、胸がときめき、はりさけそうになる、恋人の中に自分の理想の外見を見つけ出し、相手の外見の美しさをほめたたえ、人にも話し、恋愛を至上のものと考えていて、ロマンチックな考えや行動を取る恋愛である。ストーゲイ型の恋愛とは、穏やかな、友情的な愛であり、長い時間をかけて知らず知らずのうちに愛が育まれ、気づいたら人生を共にするのはこの人しかないと思っていたというような恋愛であり、激しい嫉妬や不安は感じないような恋愛である。ルダス型の恋愛とは、恋愛をゲームと捉え、楽しむことを大切に考えて、交際相手には執着せず、複数の相手と距離をとってつきあい、自分のプライバシーに踏み込まれることを好まず、恋人と一緒にいる時は相手とともに積極的に楽しもうとする恋愛である。プラグマ型の恋愛とは、恋愛を地位の上昇などの恋愛以外の目的を達成するための手段と考えている恋愛で、相手を選択する際に社会的な地位の釣り合いなど、いろいろな基準を立ててその基準に合う人を選ぶような恋愛である。松井[25]の日本での調査研究から、日本の青年はマニア型の特徴がもっとも強く、マニア型とアガペー型とエロス型の三つはひとかたまりになったという。この三つは、他のルダス型やプラグマ型やストーゲイ型の恋愛に比べて相手との関係に没頭する度合が高く、アタッチメント関係が生じる関係であると考えられる。

遊びの恋や打算の恋のつもりで始めた恋愛が本気の恋に変わっていくこともあればその逆もある。友情型の恋愛でおだやかに落ち着いていたところへ突然、本気の恋がふってわいてかき乱されることもある。古今東西、恋愛の物語が倦まずたゆまず生み出されつづけているのは、恋の様相が星の数ほどあるからだろう。そして恋愛関係の中でアタッチメント関係も安定したりうつろったり突然壊れたりする。思春期において、親などの養育者とのアタッチメント関係が希薄化し、あるいは抑圧されている中で、恋愛関係の中で強いアタッチメント関係が築かれていた時にアタッチメント対象を突然喪失することは、友人関係の場合と同様に非常に危機的な状況をもたらす。ちなみに失恋によって自殺するのは人間という動物特有の現象である。他の動物はつがいの相手を失うと次を探す。それが遺伝子の利益となるからである。ヒトが失恋によって自殺するのは、アタッチメント・システムが起動するよりも、別のつれあいを探すよりも、恋人との同一化が破綻したことによる自己愛の傷つきの方が大きい、すなわち、自己複合体ミームが遺伝子の引き紐をひきちぎって圧勝する例と言えるだろう。

ともあれ、安定的なアタッチメント関係が成立する恋愛をした青年は、その中で、安定的なアタッチメント対象になる経験をして、養育者として安定的なアタッチメント対象となるステップを踏み出すのである。一方、安定的なアタッチメント関係を経験する恋愛関係を持たないままに親になる男性および女性は自らが安定的なアタッチメント対象となることが困難であり、周囲の適切なサポートが必要となる。これは思春期の青年に限った話ではないが、次章で考えたい。

文献

（1）Laplanche J. et Pontalis, J-B. 1976. *Vocabulaire de la Psychanalayse* (5^{e} edition) Universitaires de France, Paris.（村上仁監訳『精神分析用語辞典』みすず書房、東京、一九七七年）邦訳三四四頁

（2）斎藤環『思春期ポストモダン』幻冬舎新書、一二一—一二六頁、二〇〇七年

（3）山中康裕「思春期内閉 Juvenile Seclusion」（中井久夫・山中康裕編）『思春期の精神病理と治療』岩崎学術出版社、東京、九一—一二一頁、一九七八年

（4）斎藤環『社会的ひきこもり——終わらない思春期——』ＰＨＰ新書、二五頁、二〇〇八年

（5）牧野智和「少年犯罪をめぐる「まなざし」の変容——後期近代における」（羽渕一代編）『どこか〈問題化〉される若者たち』恒星社厚生閣、東京、八頁、二〇〇八年

（6）滝川一廣『新しい思春期像と精神療法』金剛出版、東京、一六―一七頁、二〇〇四年
（7）諏訪哲二『オレ様化する子どもたち』中公新書ラクレ、二〇〇五年
（8）前掲書7、三七頁
（9）前掲書7、四三―四四頁
（10）数井みゆき「母子関係研究の成果と問題点」（日本家族心理学会編集）『子育て臨床の理論と実際（家族心理学年報）』金子書房、東京、五一―六二頁、二〇〇二年
（11）Bowlby, J. 1969, 1982. *Attachment and Loss. vol.1: Attachment.* Hogan, London.（黒田実郎・大羽蓁・岡田洋子・黒田聖一訳『母子関係の理論　I 愛着行動』岩崎学術出版社、東京、一九九一年）邦訳二二一頁
（12）Sullivan, H.S. 1953. The *Interpersonal Theory of Psychiatry.* W. W. Norton, New York.（中井久夫・宮崎隆吉・高木敬三・鑪幹八郎訳『精神医学は対人関係論である』みすず書房、東京、一九九〇年）
（13）保坂亨・岡村達也「キャンパス・エンカウンター・グループの発達的・治療的意義の検討」心理臨床学研究、第四巻、一五―二六頁、一九八六年
（14）手塚千恵子・古屋健「前青年期から青年期にかけての友人関係の変化」教育心理学会四三回総会発表論文集、三四〇頁、二〇〇一年
（15）黒沢幸子・有本和晃・森俊夫「仲間関係発達尺度の開発――ギャング、チャム、ピア・グループの概念にそって――」目白大学人間社会学部紀要、第三巻、二一―三三頁、二〇〇三年
（16）前掲書12、二八六頁
（17）太宰治『走れメロス』新潮社、東京、一九六七年
（18）前掲書12、二八一頁
（19）土井隆義『友だち地獄――「空気を読む」世代のサバイバル――』ちくま新書、二〇〇八年
（20）前掲書12、三四六頁
（21）Erikson, E.H. 1959. *Psychological Issues Identity and the Life Cycle.* University Press, Berkeley.（小此木啓吾訳編『自我同一性――アイデンティティとライフサイクル――』誠信書房、東京、一九七三年）邦訳一一九頁
（22）村瀬孝雄『中学生の心とからだ』岩波書店、東京、一九九六年
（23）宮台真司『制服少女たちの選択』朝日文庫、二〇〇六年
（24）堀口雅子「性的非行――その理解と対策――」（鍋田恭孝編）『思春期臨床の考え方・すすめ方――新たなる視点・新たなるアプローチ――』金剛出版、東京、二四八頁、二〇〇七年
（25）松井豊『恋ごころの科学』サイエンス社、東京、一九九三年

第4章　精神的健康の防御要因としてのアタッチメント

1　防御要因としての安定型アタッチメント

人間の精神的健康は、一生を通じて内外のさまざまな要因によりおびやかされている。思春期の脆弱性は、3章で述べたように、心理学的、生物学的に大きな変化の時期であることにある。思春期に発症する精神障害、思春期に多く見られる社会不適応について書かれた診断や治療に関する本はすでに数多く[1・2・3・4]あるので、詳細はそちらに譲り、ここでは、アタッチメントの視点から見た思春期の青少年の精神的健康の問題を考えてみたい。

1　利用可能なアタッチメント対象

ブリッシュ[5]は、「少なくとも一名の利用可能な（available）アタッチメント対象者がいれば、その人が保護要因となり、ストレスに直面した子どもはさらなる症状を形成することを防ぎうる」と述べている。ビフィルコ[6]も、利用可能なアタッチメント対象が皆無である場合に、うつ病の発症の危険性が高まると述べている。利用可能なアタッチメント対象がゼロか一人かの間には大きな違いがあるのである。

利用可能なアタッチメント対象は、家族など生活を共にしている人である場合が多いが、その他、親戚、学校関係者、時には近所の人など、接触が可能な場にいる身近な人の中に見出されることもある。しかし、青少年の身近な人の中に利用可能なアタッチメント対象が得られない場合や、あるいは、身近なアタッチメント対象が安定的なアタッチメント関係を提供できない場合もある。そのような時、その青少年の精神的健康を守る、あるいは回復するために、専門的な援助者、すなわち、心理・福祉・教育・医療関係の専門家が必要となる。専門的援助者は、心理的に問題を抱える青少年に対して利用可能なアタッチメント対象であると同時に、治療的な役割、福祉的な役割、教育的な役割を果たすことにより、精神的健康を回復する援助を行うのである。

そして、青少年の精神的健康の防御要因は、利用可能なアタッチメント対象だけではない。青少年を取り巻く社会システムの在り方や青少年自身の自我の力などさまざまな防御要因がある。防御要因となるような社会システムのあり方の中には、学校システムや地域社会における精神的健康への理解と対応のように直接子どもにかかわるシステムの具体的なあり方から、その時代の社会全般に浸透している、苦しんだり躓いたりしている人を排除せずに見守ろうとする雰囲気のようなあいまいなものまで、さまざまなものがある。だが、青少年の外側にある社会のサポート・システムは、青少年のアタッチメント・システムの起動と無関係に機能することはないし、自我の力もアタッチメントの内的作業モデルと関係が深い（図2・3）。

2　社会システムの防御要因とアタッチメント

社会の中に全体として苦しんでいる人を見守り、何か助けの手をさしのべたいという空気があっても、青少年のアタッチメントの内的作業モデルが不信感を中軸とするモデルとなっている場合には、青少年はその空気を認知することなく、たとえば、自分は誰にも相手にされない落ちこぼれであると思いこんでいる場合

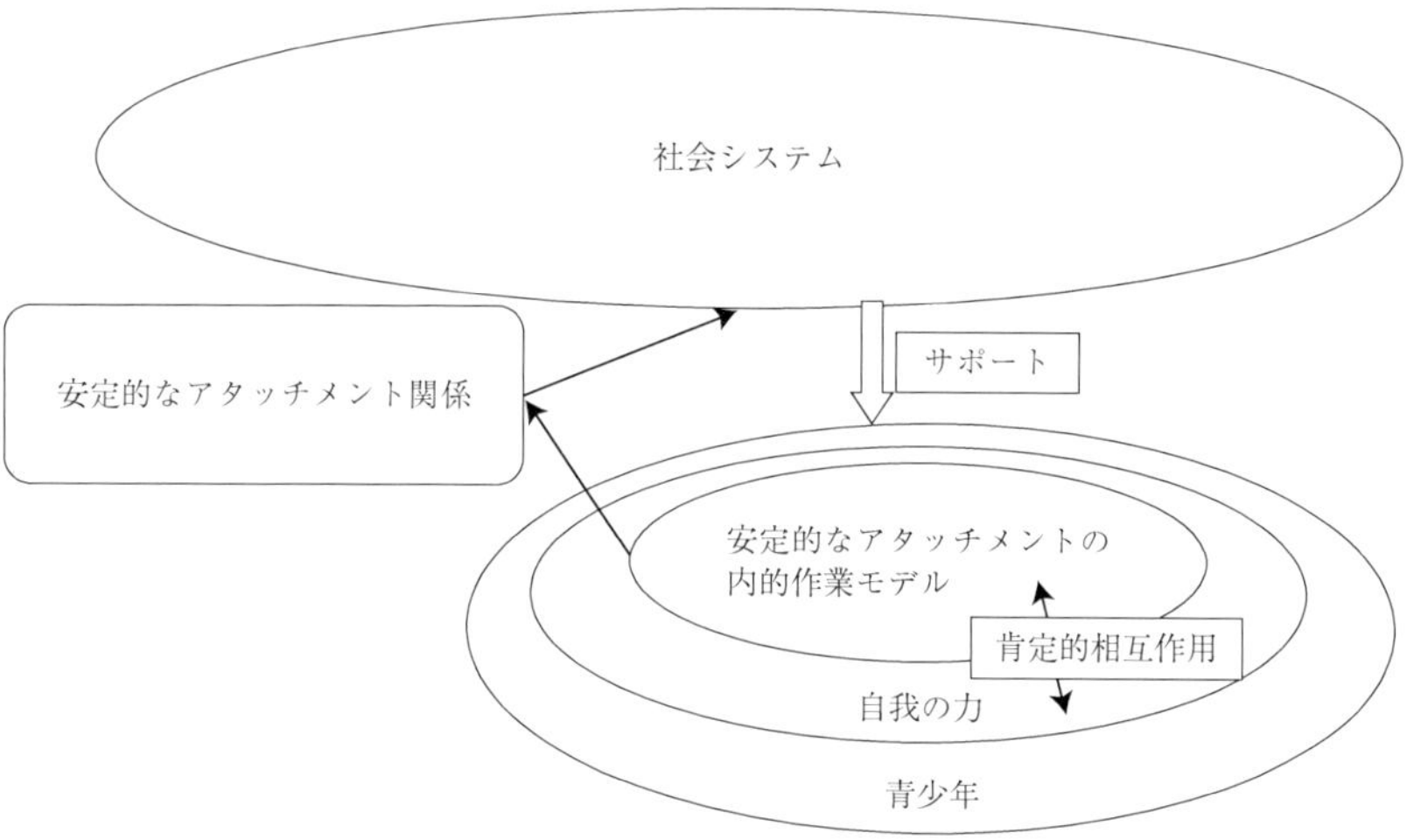

図２　安定的なアタッチメントの内的作業モデルを持つ青少年

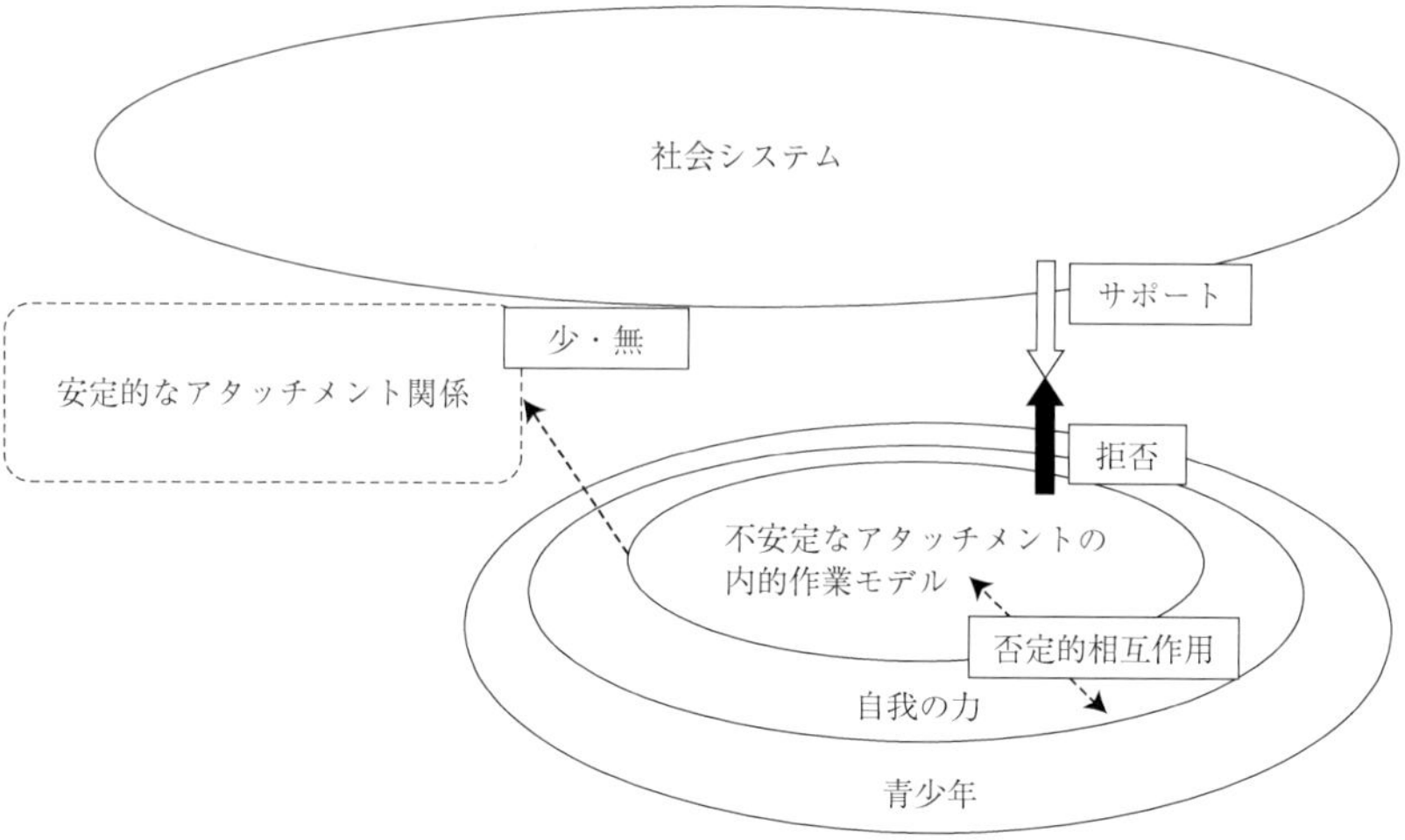

図３　不安定なアタッチメントの内的作業モデルを持つ青少年

がある。その認知の歪曲を修正する働きかけを家族や専門の援助者が行おうとしても、青少年の内的作業モデルが働きかけを拒否する方向で固まったままである場合には、青少年は聞く耳を持たないだろう。

そして、社会システムが具体的に子どもに対して利用可能なサポートを用意している場合にも、青少年がそれにアクセスすること、利用することを拒否すればシステムは機能できない。たとえば、学校システムが提供するサポートの一つであるスクールカウンセラーが、不登校の中学生の家庭訪問を続けても、家庭訪問の時間になると中学生が家を抜け出してどこかに逃げ出すことを続け、手紙を置いていっても無視し、関係が生まれることがない場合には、中学生に対する働きかけは困難である。そのような場合にも、家族への働きかけから始めて、家族の青少年との関係が変化し、青少年のアタッチメントの内的作業モデルが安定的な方向へ変化することもある。すなわち、家族を通じて間接的に社会のサポート・システムが機能したり、直接的に社会のサポート・システムと青少年とのかかわりが生まれたりするのである。たとえば、筆者の経験でも他の臨床家の報告の中にも、不登校や非行など不適応状態の青少年の相談で、青少年自身は治療の場に現れなかったが、母親面接や父親面接などだけを行う中で親子関係が変化し、青少年の適応が改善した例や、青少年が学校の先生とのかかわりを始めたなどの例がある(7)。

アタッチメント・システムの活性化の度合いが高まっている時に、アタッチメントの内的作業モデルが極めて不安定な青少年は、他者への接近をかたくなに拒否したり、接近の際に自他ともにさまざまな困難を生じたりすることもある。これは、虐待された経験を持つ青少年や深い心的外傷を負った青少年にしばしばみられる。アタッチメントの内的作業モデルが極めて不安定な青少年は、安定的なアタッチメント関係をまったく持てない状態であることが多く、社会システム、すなわち外部からの援助しようとする働きかけに対して、不信感、恐れ、怒りから拒否的な行動を取るか、あるいは、不信感と依存が同時に存在する両価的なしがみつきの行動を取るか、のどちらかであることが多い。社会システムの中にどれだけ豊富なサポート資源を用意しようとも、彼らにそれを「届ける」ことそのものが困難なのである。青少年に「届く」援助をするためには、青少年のアタッチメントの内的作業モデルを理解し、対応することが不可欠となる。

3　自我機能の中の防御要因とアタッチメント

次に、アタッチメントの内的作業モデルは、1章に述べたように、自我機能の一部である。青少年の自我機能の中で、アタッチメントの内的作業モデルに並んで、精神的健康の防御要因となるものとして、学問や芸術やスポーツなどにおける才能があげられる。いわゆる一芸に秀でている人はそれだけで自信を持ち、アイデンティティを保って、それをよすがとして社会の中で適応していく可能性が増えるからである。

才能を発揮することは、探索行動システムの活性化によるものである。スポーツは攻撃性の昇華であり、たとえば、単純に走るだけであれば探索行動システムの活性化は不要ではないかと思われるかもしれない。だが、スポーツにおいて、社会に認められるような、他者よりも優れた成果をあげる水準で才能を発揮するためには、自らのフォームを点検したり、他者の技能を研究したり、コーチについて技能を磨いたりする探索行動システムの活性化による行動が不可欠だろう。

そして、1章に述べたように、探索行動システムが活性化するには、アタッチメント・システムがある程度低い活性化水準にあることが必要である。そのためには、アタッチメント・システムの活性化水準が低く抑えられるような安全な空間と時間が保証されるか、そして／または、安定的なアタッチメント関係が必要である。3章にふれた内閉神経症(8)の治療技法としての内的成熟を待つひきこもりの保証は、内的成熟にいたる内的世界の探索過程と考えれば、アタッチメント・システムの活性化水準を低く抑えることを組み込んだ技法であるといえよう。

また、思春期以降に精神的健康の防御要因となるものの中に、これも探索行動システムの活性化の一つであるが、「考える力」という自我機能がある。ストレスに満ちた状況の中にあっても、現実を見据え、時間的、空間的に広い視野で考えることができる力は、思春期以降の人間の適応を助ける大きな力である。3章に述べたように、思春期には、養育者というアタッチメント対象から離れ、新たなアタッチメント対象を持たないエアポケットに入ったような危機的な状態になることがある。そのような時に、書物を友として、あるいは、現代であればインターネットの中にあるさまざまな知性の発信する情報を友として、考える力をよりどころに生き抜いている青少年は一定数いるのではないかと思われる。筆者は、この考える力を持つ人は、孤独や逆境の中にあっても、精神的健康を保つことができるのではないかと考える。思春期の例ではないが、フランクルの『夜と霧』(9)は極限状況における人間の考える力の尊さを実感させてくれる。そして、この考える力を支えるものは、深く内在化された安定的なアタッチメント関係ではないだろうか。

内閉神経症にみられる空想世界への旅は、一定の安全な空間と時間へのひきこもりを必要とする。これに対して、考える力は、わずかな時間と空間があれば保たれる強さがある。ただし、意図的に考えるいとまを与えず、判断力、思考力を奪おうとするマインド・コントロールの技法にさらされている場合は例外である。(10)考える力の強靭さが何に由来するのかは明確にはわからないが、幼児的万能感を脱して自らを相対化して見る能力ではないだろうか。空想にひきこもる人がとかく幼児的万能感の世界の中で自我を肥大化させた空想にふけっているのに対して、考える力によって精神的な健康を保っている人の場合には、自我の小ささや無力であることとの認識を前提に感じ、考えていると思われる。ただし、ここで言う無力であることとの認識は、無力感とは異なる。同様に自我が小さいことの認識は卑小感ではない。

ちなみに、考える力、思考機能が万能感的な空想の道具として用いられることもある。そのような例として、永山則夫の『無知の涙』があげられよう。この本からは、貧困の中に育って「無知」であった永山が牢獄の中で乾いた砂が水を吸収するように学問をして、急速に視野を広げていった様子が伝わってくる。その真摯な精神の軌跡は読む者の胸を打つ。しかし、一方で、いかんともしがたく、自らの万能感へのとらわれ、その背後にある自らの存在の卑小感を越えられないところが痛々しい。永山は、不安定な養育環境の中でついぞ安定的なアタッチメント関係を体験することができなかったようであり[11・12]、そのことが彼の卑小感とその防衛としての万能感にかかわっているのではないかと推測するが、これはあくまでも推測にすぎない。安定的なアタッチメント関係の体験と万能感の縮小との関係については今後の検討を待ちたい。

ともあれ、社会システムや自我の力などのアタッチメントの内的作業モデル以外の精神的健康の防御要因も、アタッチメント・システムと無関係には機能しない。そういう意味で、安定的なアタッチメントの内的作業モデルは青少年の精神的健康を守る防御因子の中心的、あるいは基礎的な役割を果たすものであると思われる。

そして、身体障害、発達障害、慢性疾患などの、適応の困難および精神的健康の危機につながる可能性のある個人の要因を抱える青少年の場合にも、安定型のアタッチメントの内的作業モデルがあり、安定したアタッチメント関係を複数持っている青少年は、精神的健康を保っていることが多いと思われる。その青少年との間に安定したアタッチメント関係を築いている人が、青少年の抱えている障害や疾患を理解し、それに対する適切なサポートを必要に応じて援助のネットワークを作りつつ行う体制ができていると思われるからである。ただ、この領域は筆者の専門とするところではなく、筆者のいくつかの経験や見聞した事例からの推測であり、実証的な研究は今後の課題である。

2　不安定型アタッチメントを形成する要因

次に、不安定型のアタッチメントの内的作業モデルはどのように形成されるのかということについて検討しよう。アタッチメント・スタイルは、1章に述べたように、個人の要因と個人を取り巻く環境の要因の双方、そしてそれらの相互作用により形成される。

1　個人要因

個人の要因として、まず、身体障害、発達障害、慢性疾患など、養育にかかわりアタッチメント対象となる可能性のある人の適切な理解と対応を必要とする要因がある。養育者の適切な理解と対応がない場合に、子どもと養育者との関係にさまざまな困難が生じ、それが、アタッチメントの内的作業モデルを不安定なものにすることがある。

個人の要因の程度も周囲のかかわりの不適切さの程度もさまざまであるが、その極端な場合が虐待である。もちろん、子どもがさまざまな育てにくさやかかわりにくさの要因を持っていても、養育者に対する周囲からの心理的、物理的サポートがあり、養育者にある程度の自我の力があれば、養育者は子どもの特性を理解し、適切な対応ができることが多い。

子どもの個人要因に加えて、養育者に対するサポートの欠如や養育者の否定的な個人の要因があった場合に、子どもは不安定なアタッチメント関係を体験し、内的作業モデルが不安定なものとなると考えられる。たとえば、養育者がパートナーから暴力を受けており、地域社会や原家族からも孤立していて他者への恐れや不信感が強いという状況で生まれてきた子どもが未熟児であった時、その育てにくさを養育者が誰にも相談することをしないままにストレスとして抱え込み、やがて虐待に至るような事例がある。そのような場合には、子どもの内的作業モデルは極めて不安定なものとなる。

次に、個人の要因として、遺伝的要因とアタッチメントの内的作業モデルの関係については現時点ではまだ明らかになっていない[14]が、生来の活動性の特徴や、体質や、内向的か外向的かという気質などの要因が、養育者の特徴との相互作用の中でアタッチメント関係に影響を与えると考えられる。

気質や体質の要因の例として、たとえば、内向的で活動性が低く疲れやすい子どもは、外向的で活動性が高く身体的に丈夫な養育者との間で安定的なアタッチメント関係を形成するのが困難なことがある。内向的で体力のない四歳の子どもが公園で遊んでいて疲れてきた時にたまたまころんで膝をすりむいたとしよう。子どもは、アタッチメント・システムの活性化水準が高まり、「ころんじゃった……」と泣きながら母親に近付く。母親は保護システムを活性化させてすぐに膝に絆創膏を貼って慰めるが、子どもは疲れて不機嫌になっていて、いつまでも泣きやまない。母親が「どうしたの？」と聞くと、子どもは「なんか、この公園、いやだ」と言い出す。母親が「何がいやなの？」と聞いても、子どもは「なんか、いやだ」としか答えない。母親は、「さっきまで楽しく遊んでいたじゃない。お友達と何かあったの？　はっきり言いなさいよ。……ほら、お友達が遊ぼうって待ってるわよ」といらだって声を荒らげるかもしれない。気質や体質が異なる子どもについて、養育者が育てにくい、よくわからない、などと認知することが多いようである。

2　環境要因

人生の最初の時期における重要な環境は養育者との関係である。アタッチメントの内的作業モデルが形成されるのは、主に養育者とのアタッチメント関係の体験においてである。1章のSSPのところで述べたように、アタッチメント対象自身のアタッチメントの内的作業モデルが不安定型である時、それが、子どもとのかかわりに反映し、アタッチメント対象との相互作用の中で、子どものアタッチメントの内的作業モデルも不安定型になることが多い。

しかし、アタッチメントの内的作業モデルを不安定なものにするのは、アタッチメント関係だけではない。1章でもふれたが、ブリッシュ(15)は、子どものアタッチメント・スタイルの形成に影響するストレスとなる環境要因として、以下のものをあげている。家族における大人同士の不和や虐待などの家族内の関係性、養育者のいずれかに精神医学的な障害や逸脱行動が存在すること、異常な環境に直面していること、自己価値観が低下する出来事の経験、また、社会的危険因子として「迫害や差別」や「移民や非自発的な社会的移民」などである。

これを整理しなおすと、アタッチメント・スタイルを不安定なものにするという意味で否定的な影響を与える可能性のある環境におけるストレスとして、以下のものがあげられる。家族全体の社会・経済的状況、家族の中の人間関係、家族メンバー、本人に直接影響するストレスである。（図4）

ストレスの、アタッチメント・スタイルへの影響は、アタッチメント対象へのストレスと子ども自身へのストレスの片方または両方から生じる。まず、アタッチメント対象である人がストレスにさらされることにより、アタッチメント関係において近接可能性や応答性が低くなる。そして、適切に保護システムを機能させることができなくなる。

アタッチメント対象の応答性と保護システムが適切に機能するためには、アタッチメント対象の自我が適切に機能していること、すなわち、不安がある程度低いことが必要である。アタッチメント対象の自我が機能しなくなるのは、ストレスにさらされた時だけではない。攻撃衝動や性衝動などを統制することが不可能な自我状態に退行した時にも、自我の機能の水準は低くなる。

このように外側からのストレスや内側からの衝動に由来する不安や恐れなど、自我への脅威がある程度以上強く、アタッチメント対象の利用可能性（availability）が低くなると、子どもは安定的なアタッチメント関係を築くことができなくなる。

また、子ども自身が、ストレスによってアタッチメント・システムの活性化を適切な行動にすることが難しくなったり、アタッチメント対象への接近の仕方が適切でなく、アタッチメント対象の保護システムを起

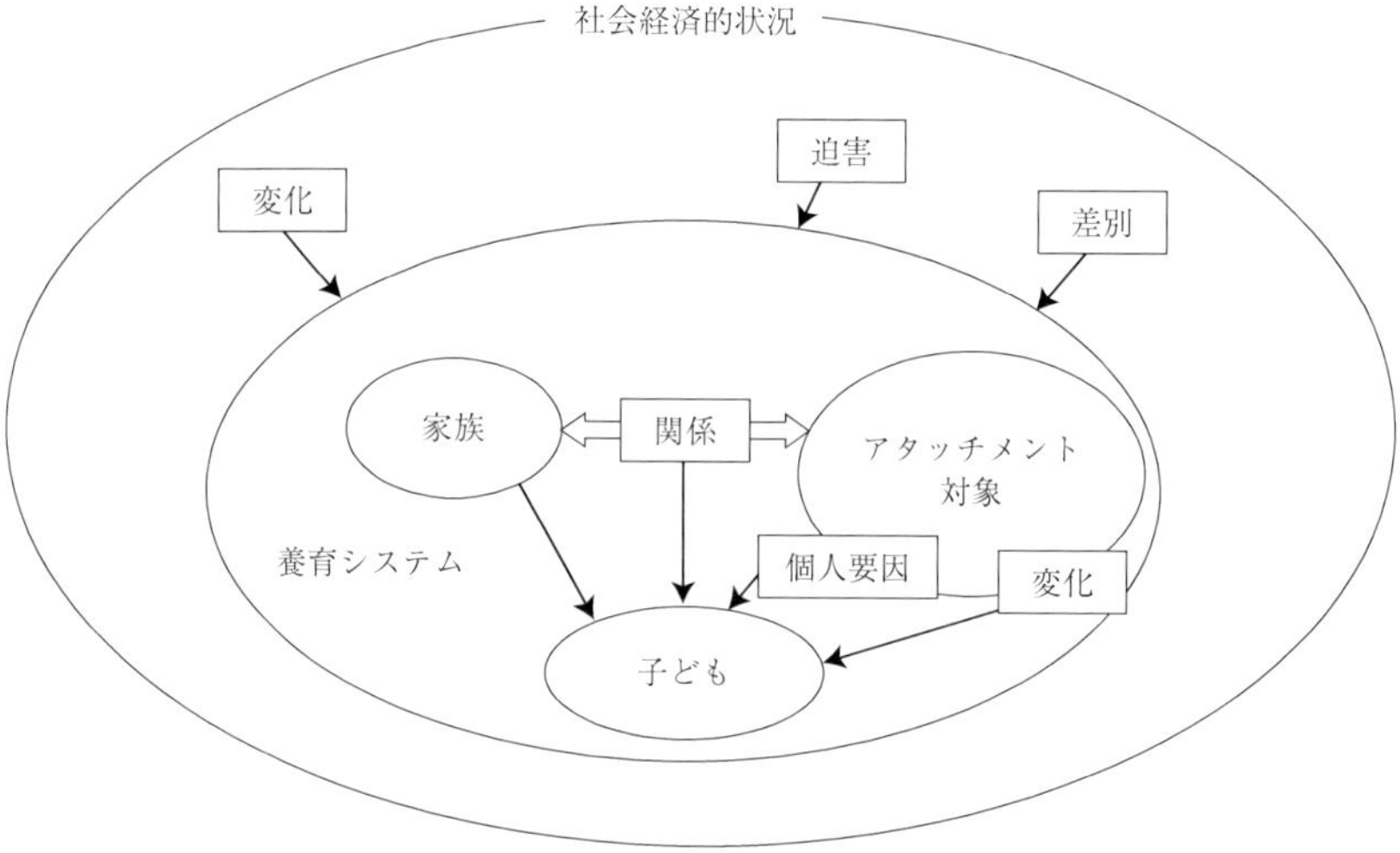

図 4　子どものアタッチメント・スタイルを不安定にする環境におけるストレス

動させることに失敗したりすることもある。アタッチメント・スタイルに影響する要因を、モデルとして図5に表した。

以下、これらのアタッチメントに影響するストレスとなる環境要因をもう少し具体的に見ていこう。

(1)　迫害や差別

アタッチメント対象のストレスとなる社会的な要因として、迫害や差別、移民があげられる。現代の日本では、戦争や内戦下の国や地域にみられるような、たえず、直接、生命の危機にさらされるような迫害は幸いにして少ない。しかし、マスコミの注目を集める事件にかかわる家族へのバッシングや、会社から学校まで、さまざまな集団におけるハラスメント、民族差別、部落差別、性差別、障害者差別、未婚者差別など、程度はさまざまであるが、社会的な迫害や差別は存在している。それらは、アタッチメント対象となる人や、アタッチメント対象を含む家族などに対するストレス

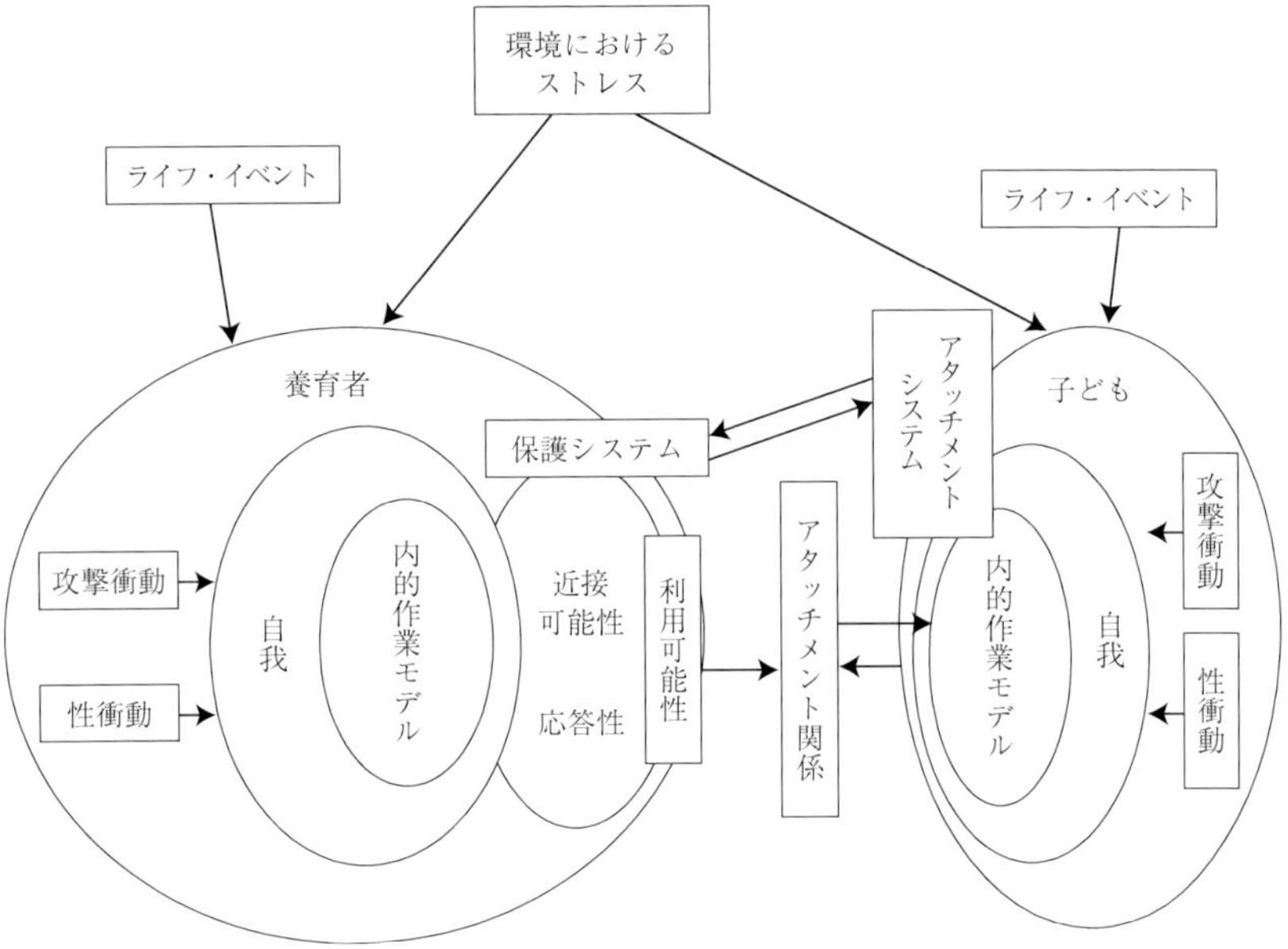

図５　アタッチメント関係に影響する要因

である。また、移民労働者を含む外国人労働者の家族もさまざまなストレスにさらされている。

(2)　社会・経済的状況・居住地の変化

次に、アタッチメント対象が家族成員である場合、家族全体に対してストレスとなりうる社会的・経済的状況の変化に、主たる稼ぎ手の失業、病気や事故などによる休職、転職などがあげられるだろう。アタッチメント対象である人が出世して多忙になることも、経済的には家族にとってプラスの変化であっても、アタッチメント対象の利用可能性が低くなる点ではアタッチメント関係に否定的な影響を及ぼすこともある。

転居という居住地の変化は、国内、国外、いずれであっても、新しい文化や人間関係への適応が家族へのストレスとなることがある。多くの家族は遅かれ早かれ、そのストレスを克服して家族関係のバランスを取り戻し、適応していく。しかし、アタッチメント対象である人の適応が難しく適応障害やうつ病などになり、アタッチメント対象としての利用可能性が低くなる場合もある。

(3) 家族内の関係性

次にアタッチメント対象を含む家族内の関係性がアタッチメント対象および子どものストレスになる場合がある。

日本における家族関係の問題として代表的なものは両親の不和と嫁姑の葛藤だろう。現代の日本は、特に都市部を中心に核家族化がすすみ、家や伝統に対する意識が変化してきたため、嫁姑関係の葛藤はかつてとは形が変わってきた。しかし、依然として臨床の現場においては、親離れしない夫へのいらだちや、女性同士の権力争いなど、三角関係の葛藤が散見される。一方、女性が家を出て嫁ぐ、という意識が希薄化し、妻と実家の心理的・物理的な距離が近い場合が増えて、親離れしていない妻ゆえに生じる、夫と妻と妻の親という三角関係の葛藤や、妻の原家族における親子関係の未解決の葛藤が家族のストレスとなる場合も多い。また、三世代に限らず、さらにその前の世代からさまざまな葛藤が引き継がれている場合も時にみられる。アタッチメント対象が、家族力動の葛藤に強いストレスを感じている場合に、アタッチメント対象としての利用可能性が低くなる場合がある。また、子どもがアタッチメント対象の「大変さ」を敏感に感じて遠慮したり、逆にアタッチメント対象を世話する姿勢を身につける、「役割逆転」が生じたりすることもある。これらの場合には、子ども自身のアタッチメント欲求は意識的に抑制されたり無意識的に抑圧されたりする。一方、アタッチメント欲求を抑圧しない、あるいはできない場合には、対象の利用可能性の低さに対して欲求不満が生じ、攻撃的な行動やひきこもりや身体化など、さまざまな「不適応」行動あるいは症状としてアタッチメント欲求の葛藤を表現する子どももいる。

両親の不和や離婚がアタッチメント関係に与える影響についてはさまざまな研究がなされてきた(16)。ただ、強調しておきたいのは、それらの研究結果からも明らかにされていることだが、離婚は、必ずしもアタッチメント関係および子どもの発達に対して否定的な影響を与えるとは限らないことである。日本には「バツイチ」という俗語が典型的に示すように、離婚に対する偏見が根強く存在しているが、これも一種の差別である。離婚をして一時的にはストレスにさらされても、安定的なアタッチメント関係を保っている親子や、親子の努力とさまざまな周囲のサポートにより健康に育っている子どもはたくさんいる。一方で離婚のストレスがアタッチメント関係に否定的な影響を及ぼすこともある。離婚が子どものアタッチメント・スタイルや成長に及ぼす影響の量や質を決めるのは、子どもや親の自我機能に加えて、親自身のアタッチメントの安定性や周囲のサポートの有無であろう。

家族内の関係性の問題としてアタッチメント関係に影響するものとしては、以上のような親世代間の葛藤、親とその親世代の葛藤に加えて、親と自分以外のきょうだいとの関係の問題がある。親ときょうだいの葛藤が強く継続している時に、その葛藤が親のストレスとなり、親と葛藤的ではない子どもとの関係においても親のアタッチメント対象としての利用可能性が低くなったり、きょうだいのような親との葛藤関係になることを恐れるあまり、子どもがアタッチメント欲求を意識的に抑制したり無意識的に抑圧したりすることがある。

(4) 施設内の関係性

前節で家族の中の関係性の問題としてあげた葛藤は、情緒障害児短期治療施設や児童相談所や保育園などの施設において、スタッフがアタッチメント対象となる場合には、スタッフ同士の葛藤、スタッフと他の子

どもとの関係の葛藤などについてあてはまる。システム論におけるアイソモルフィー（同型性）の原理[17]から
も、スタッフ・グループに安定的なアタッチメント関係が存在する時には施設全体においても安定的なアタッチメント関係が存在する可能性が高いといえよう。

そして、スタッフ・グループの中でアタッチメント対象になるのは、構造上、集団の中の責任者、いわゆる施設長であることが多い。学校や会社なども含め、集団全般についてよく知られている「長が変わると集団全体の雰囲気が変わる」という現象がある。これは、リーダーシップに反映される、長となる人のパーソナリティや、価値観、超自我のあり方すなわち倫理性に加えて、その人のアタッチメント対象としてのスタイルによるところも大きいだろう。スタッフ・グループとリーダーのアタッチメント関係が安定的なものである時、施設で生活する利用者とスタッフとのアタッチメント関係も安定的なものになる可能性が高くなる。たとえば、保育園であれば、園長が先生たちにとって安定的なアタッチメント対象である時、先生たちも、子どもたちにとって安定的なアタッチメント対象になることが多い。

ただ、スタッフのアタッチメント対象は必ずしも長であるとは限らず、サブ・リーダー、たとえば副園長などが、スタッフのアタッチメント対象として機能し、リーダーである長は管理的な機能と超自我的な機能を分担しているという場合もある。集団の中に、誰か安定的なアタッチメント対象となるキーパーソンがいれば、グループの中のアタッチメント関係は安定的なものとなる可能性が高くなるということである。

(5)　家族メンバーの変化

また、家族メンバーの変化がアタッチメント対象の利用可能性を減少させることもある。たとえば、出産、介護などは、今まで子どもにとってアタッチメント対象であった人物を新たにアタッチメント対象として必要とする家族メンバーが増える状況である。この場合にアタッチメント対象が子どもにかかわる時間やエネ

ルギーは必然的に減少する。しかし、アタッチメント対象の利用可能性は必ず減るとは限らない。たとえば、上の子どもが幼稚園で先生に強く叱られて心細くなり、アタッチメント・システムの活性化水準が高まり、幼稚園に行きたくないとぐずったとする。アタッチメント対象である母親は、普段は小さくて手のかかる下の子どもに時間とエネルギーの多くを取られていても、朝、上の子がぐずって泣いた時には短い時間でも話をきちんと聞いて慰めるかもしれない。この場合には上の子にとってアタッチメント対象の利用可能性は確保されていると言えよう。利用可能性は物理的な時間やエネルギーに比例するものではない。それは、就業している母親が保育園などに子どもを預けて、専業主婦である母親に比べて子どもにかかわる時間やエネルギーが物理的に少なくても子どもとのアタッチメント関係が不安定型になるわけではない、という研究によっても示唆されていることである[18]。

また、アタッチメント関係が一定量確保されつづけることの必要を直観的に認識して調整している家族も多い。すなわち、家族の中で別のアタッチメント対象の比重を上げるように役割を変化させるなどの「手当て」が自然に行われている。たとえば、きょうだいが入院して両親が病院通いで忙しくなると、近くに住む祖父母が頻繁に家を訪れて子どもと前よりも多くかかわったり子どもの世話をしたりするなどである。

しかし、アタッチメント対象が、新たに増えた家族メンバーとの関係、たとえば育児や世話や介護などで余裕がなくなり、家族の柔軟な役割の変化が困難である時には、アタッチメント対象の利用可能性が減少する。

(6) 家族メンバー個人の要因

ブリッシュは、養育者のいずれかに精神医学的な障害や逸脱行動が存在することをアタッチメント関係に影響する要因としてあげている。アタッチメント関係に影響する可能性が高い精神医学的な障害として、統合失調症やうつ病やパーソナリティ障害などがある。また、逸脱行動として、アルコール、薬物、ギャンブルなどへの依存症、犯罪をはじめとする反社会的・脱社会的な行動がある。

アタッチメント対象にこれらの要因がある場合には、程度にもよるが、アタッチメント対象の利用可能性は物理的にも心理的にも低くなるために、不安定なアタッチメント関係が形成される可能性が高い。たとえば、赤ちゃんの世話をしている大うつ病の母親は、疲れやすく、余裕がなく、赤ちゃんの気持ちに気づいて、適切な世話をすることは荷が重すぎてできないかもしれない。そのような場合に、赤ちゃんは母親との間に安定的なアタッチメント関係を築くことがかなり難しいだろう。また、パチンコ依存症の母親は、赤ちゃんを何時間も放置したままパチンコにでかけてしまい、赤ちゃんのアタッチメント欲求が高まっても不在であるかもしれない。

もちろん、アタッチメント対象にこれらの要因がある場合であっても、その人が適切な治療やサポートを受けていれば、アタッチメント対象としての利用可能性はそれほど低くならない。サポートの中には、心理・教育・福祉の専門家によるもの、そして／または、その人の身近な人々によるものがある。精神医学的な障害や逸脱行動などの要因を抱えつつ、極めて安定とまではいかないまでも、そこそこ安定したアタッチメント関係を子どもと築いている養育者はたくさんいる。

一方、アタッチメント対象ではない養育者がこれらの要因を持つ場合には、アタッチメント対象の自我の強さと周囲のサポートの量や質によって、アタッチメント関係が安定的なものとなるか不安定的なものとなるかが分かれる。たとえば、自我の力が強い妻が、アルコール依存症の夫を支えながら、アルコール依存症者の家族の会の支えを受けつつ、子どもとの間で安定的なアタッチメント関係を築いていることがある。

子どものアタッチメント対象である養育者が、これらの要因を持つ養育者以外に安定的なアタッチメント対象を持っている場合にも、子どもとのアタッチメント関係が安定的なものとなる可能性が高くなる。たとえば、統合失調症の妻が入退院を繰り返している場合に、子どもたちのアタッチメント対象として子どもの養育を担っている夫が、同居している自分の実母との間に安定的なアタッチメント関係を持っていて、子どもたちとの間で安定的なアタッチメント関係を築いていることがある。

(7) ライフ・イベント

思春期の青少年のアタッチメントの内的作業モデルを不安定なものに変化させるライフ・イベントとして、さまざまな出来事がある。思春期は、自己同一性が不安定になる時期であり、自己が他者からどう見られているかということに対して敏感になり、自己信頼も不安定になっている。したがって、この時期に自己評価が傷つく体験をすると、不信感、他者から拒絶されることへの恐れ、親しくなることへの妨げが急速に高まり、一方、自己信頼、親密さへの欲求が低くなり、アタッチメントの内的作業モデルが不安定型に変化することが起きやすい。そのような経験の中で典型的なものは虐待の体験といじめられる体験とハラスメントを受ける体験だろう。

虐待は幼少期から継続しているものであれ、思春期に始まったものであれ、人間としての尊厳を傷つけられる体験であり、人間に対する不信感と恐れをもたらし、内的作業モデルが極めて不安定なものになる体験である。強姦や暴力事件など犯罪の被害者になるなどの外傷体験も同様である。

特に、養育者をアタッチメント対象とする関係から離れはじめて、同年代の仲間集団や友人にアタッチメント対象を移行させている時期に、その友人や仲間からいじめられる体験、すなわち、拒絶され、排除される体験は、アタッチメント対象から傷つけられる体験となる。アタッチメントの内的作業モデルは、不信感、拒絶されることへの恐れの方向に大きく変化する。

また、きょうだいなどの家族成員や、部活の先輩などの所属集団の成員や、学校の先生などの所属集団で影響力を持つ人によるハラスメントも、いじめられる体験と同様にアタッチメントの内的作業モデルを不安定なものにする可能性のある経験である。

いじめやハラスメントは、虐待よりその程度は多少小さいことが多いとはいえ、やはり、人間一般に対する強い不信感と恐れ、親しくなることへの妨げとして内的作業モデルを不安定にすることが多い。

虐待やいじめやハラスメントは、その程度が強く、周囲の適切な保護がない場合、アタッチメントの内的作業モデルを極度に不安定なものとし、不信感が絶望に至ると、自傷・自殺や他害の行動につながる危険もある。

逆に、虐待やいじめやハラスメントの中で、程度が弱く、言葉や態度などの心理的な攻撃の形を取り、第三者から観察されにくいが継続するようなものは、その時間的な長さや広がりにもよるが、やはり、アタッチメントの内的作業モデルを不安定なものにする。自分でも理由がよくわからない不信感や人への恐れや親しくなることへの妨げがあり、人との間に壁を感じて生きてきた人が、心理療法家との間に安定したアタッチメント関係が築かれて初めて、あれはいじめだったのだ、ハラスメントだったのだ、と認識する場合もある。その認識にいたるまでに何年もかかることがある。

2章で述べた、「友だち地獄」(19)の気をつかいあい、少しでもはずれると排除される、薄氷を踏むような仲間関係もこのような外から見えにくいハラスメントの一種である。ただ、慢性的であり、同時に、集団全体によるハラスメントであることが特徴である。この「友だち地獄」の仲間関係は、特定の加害者が不在であり、自分も含めた全員の攻撃性がいつ爆発するかもしれない緊張感をはらみつつ微妙なバランスを取って潜在している集団である。最初から集団成員は不信感を持ちつつ集団を構成しており、そこにアタッチメント関係は存在しない。したがって、その集団から排除された青少年は、排除されたと感じると、攻撃性を自らに向け、ひたすらひきこもったり、自傷行為をしたりする。

このような意識化しにくい虐待・いじめ・ハラスメントは、問題が自分にも他者にも見えにくい。そのために、うつ病と誤解して投薬を受けたり、自分はおかしいのだ、と悩んだりする人もいる。したがって、クライエントの訴えがよくわからない場合には見立てを急ぎすぎないで、土居健郎[20]が『方法としての面接』の中で述べたように、「わからなさ」を大切にしながらゆっくりと関係を築いていく必要がある。

次に、中学、高校、大学における受験の失敗をはじめ、成績の低下など、学業での躓きの体験も自己評価を傷つける可能性がある体験である。もちろん、その際の周囲の対応がその青少年の全体としての可能性への信頼を失わず、安定したアタッチメント・システムとして心理的な安全感を提供する適切なかかわりがわずかでも含まれるものであれば、学業の躓きは人生の中の一つの試練の体験として克服されていく。そういう場合の方が圧倒的に多いだろう。ただ、臨床の場で出会う人たちの中に、学業の躓きを周囲の大人から強く責められて追い詰められ、その時にアタッチメント対象が保護システムとしてうまく機能しなかった、あるいは、アタッチメント対象である人が責める人であった、という人もいる。そのような場合には、アタッチメントの内的作業モデルは、不信感、拒絶されることへの恐れ、親しくなることへの妨げなどが強い、不安定なものとなる。また、学業に限らず、スポーツや芸術などの領域における躓きの体験も、同様にアタッチメントの内的作業モデルを不安定なものにする可能性がある。

そして、躓きの体験は、「できない」青少年にだけ生じるのではない。何らかの領域で素晴らしい成果をあげた「できる」青少年、「成功した」青少年にとっては、永遠にその栄光が続くわけではないという現実そのものが、躓きの体験になることもある。若くして輝かしい成功をおさめたミュージシャンなどが薬などに依存することが時に見られるのは、そのような躓きを恐れてのことかもしれない。特に万能感の縮小がなされないまま成功してしまって逆に万能感が強くなってしまった場合には、その躓きへの恐れも非現実的な大きさに膨らむことがある。そうなると、躓きの体験は自己愛の決定的な傷つきとなり、アタッチメントの内的作業モデルを不安定なものにして、対人関係における不信感や恐れが親密な関係の形成を妨げる。あるいは、恐れを否認するために物質や人に依存することもある。

これを防ぐためには、安定したアタッチメント関係の心理的な安全感の中で現実に直面化させて万能感の縮小をさせるようなかかわりが必要である。これはいくつかの事例からの推測でしかないのだが、スポーツにせよ、芸術にせよ、若くして華々しい成功をおさめた後に、何年、何十年と長く活躍しつづける人の傍には、そのような安定したアタッチメント対象でかつ厳しい人の存在が、親、コーチ、師匠などの中に見出されることが多いのではないだろうか。

以上、思春期の青少年のアタッチメントを不安定型にする要因を概観してきた。これらの要因がある時に、精神的健康の防御要因としての安定型のアタッチメントが失われ、不安定型のアタッチメントの内的作業モデルになると考えられる。これは、仮説であり、今後の実証研究により、修正されるべきものである。

心理臨床の現場に立ち戻って考えると、心理的な援助の場において行う第一の作業は、まず、安定型のアタッチメント関係を治療者とクライエントの関係の中で築くことである。そして、アタッチメントの視点から見た心理療法の目標は、アタッチメントの内的作業モデルを安定的な方向に変化させることである。もちろん、心理療法の目標もその過程で行われる作業もそれだけではない。クライエントの抱えている問題の領域により、認知、情動、行動などさまざまな側面からの変化の試みがなされ、目標とされる事柄も、葛藤の解決、喪の作業、人格の変容、適応の改善などさまざまである。しかし、いずれの場合であっても、クライエントが自ら精神的健康を保って生きていく土台を作るという意味で、アタッチメントの内的作業モデルが安定的（secure）になることは不可欠である。次に、アタッチメントの視点から見た思春期の青少年の心理療法について見ていこう。

文献

(1) 皆川邦直『思春期患者へのアプローチ』診療新社、大阪、一九九六年

(2) 成田善弘『青年期境界例（改訂増補版）』金剛出版、東京、二〇〇四年

(3) 滝川一廣『新しい思春期像と精神療法』金剛出版、東京、二〇〇四年

(4) 鍋田恭孝編『思春期臨床の考え方・すすめ方——新たなる視点・新たなるアプローチ——』金剛出版、東京、二〇〇七年

(5) Brisch, K.H. 2002. *Treating Attachment Disorders*: From Theory to Therapy. Guilford Press, New York.（数井みゆき・遠藤利彦・北川恵監訳『アタッチメント障害とその治療——理論から実践へ——』誠信書房、東京、二〇〇八年）邦訳四四頁

(6) Bifulco, A. Personal communication. 2008.7.

(7) 渡辺未沙「母親面接を中心に担任との連携により展開した事例」心理臨床学研究、第一九巻六号、五七八—五八八頁、二〇〇一年

(8) 山中康裕「思春期内閉 Juvenile Seclusion」（中井久夫・山中康裕編）『思春期の精神病理と治療』岩崎学術出版社、東京、九—一二二頁、一九七八年

(9) Frankl, Victor E. 1947. *Ein psycholog erlebt das konzentrationslager*. Verlag fur Jugend und Volk, Wien.（霜山徳爾訳『夜と霧』みすず書房、東京、一九五六年）

(10) Hassan, S. 1990. *Combatting Cult Mind Control*. Park Street Press, South Paris.（浅見定雄訳『マインド・コントロールの恐怖』恒友出版、東京、一九九三年）

(11) 永山則夫『無知の涙』河出書房新社、東京、一九九〇年

(12) 永山則夫『木橋』河出書房新社、東京、一九九〇年

(13) 永山則夫『捨て子ごっこ』河出書房新社、東京、一九八七年

(14) Prior, V. & Glaser, D. 2006. *Understanding Attachment and Attachment Disorders*. The Royal College of Psychiatrists, London.（加藤和生監訳『愛着と愛着障害——理論と証拠にもとづいた理解・臨床・介入のためのガイドブック——』北大路書房、京都、二〇〇八年）邦訳五一頁

(15) 前掲書5、六九頁

(16) Shaffer, H.R. 1998. *Making decisions about children*. Blackwell, Oxford.（無藤隆・佐藤恵理子訳『子どもの養育に心理学がいえること——発達と家族環境——』新曜社、東京、二〇〇一年）邦訳一四六—一五八頁

(17) 小谷英文『ガイダンスとカウンセリング——指導から自己実現への共同作業へ——』北樹出版、東京、九六頁、一九九三年

（18）NICHD Early Child Care Research Network. 1997. The effects of infant child care on infant-mother attachment security: Results of the NICHD Study of Early Child Care. *Child Development*, 68. (5), 860-879.

（19）土井隆義『友だち地獄——「空気を読む」世代のサバイバル——』ちくま新書、二〇〇八年

（20）土居健郎『新訂　方法としての面接——臨床家のために——』医学書院、東京、一九九二年

第5章　心理療法の初期におけるアタッチメント

1　援助関係の始まりとアタッチメント

心理療法に限らず、精神的な危機に直面している人、すなわちクライエントに対する心理的な援助全般において、第一に行うべき作業は、安定型のアタッチメント関係を、援助者・治療者と、クライエントとの間に築くことである。心理的援助の最初に行う「関係作り」は、従来、信頼関係を築く、ラポールをつける、治療同盟を作るなど、さまざまな言葉で言い古されてきた。その重要性も、その内容も、現場の人間は知り尽くしているのだから、アタッチメントという用語で言い換えることにどのような意味があるのか、よくある新語主義にすぎないではないかという批判もあろう。

心理療法にはかなり多くの理論や学派があり、筆者の知識や経験はその全体の中ではごく限られたものでしかない。その限られた立場からの考察ではあるが、筆者は、心理的援助の初期のかかわりが困難な思春期の青少年を理解する時に、アタッチメントの内的作業モデルの不安定性（insecure）の程度と質を見立てることが、何がどう難しいのかを理解し、対応を考えていくことを可能にすると考える。これは、思春期以前の子どもについてもまた思春期以降の成人についても同様であると考えるが、本書では、思春期の青少年について述べる。思春期以前の子どものアタッチメントのアセスメントには、2章に紹介したSSPや、青木豊[1]の論考が参考になるだろう。特に子どものアタッチメント障害の対応については、奥山眞紀子[2]の論考、藤岡孝志[3]の著書に詳しい。

初期のかかわりが困難な青少年の中には、自発的に援助を求めているわけではない場合と、援助を求めているのだが、かかわりを作るのが困難な青少年がいる。自発的に援助を求めているわけではないというのは、たとえば、虐待を受けて児童相談所に保護された少年や、非行で家裁に送致され調査官の面接を受けさせられる青少年や、不登校ぎみで親にスクールカウンセラーのところへ連れてこられた少年など、不本意に援助の場に連れてこられた青少年である。

自発的に援助を求めているわけではないのに援助の場にあらわれた青少年は、怒り、恐れ、不信感、不安、当惑などの感情から、あからさまに拒否的な行動をとったり、無反応であったり、反動形成から表面的な関係を作ってひそかに関係を拒否したりと、かかわりを拒否する行動を見せることが多い。その拒否は、まず、自らの置かれた立場や、自分をこの場に強制的に連れてきた他者や、目の前の援助者に対する否定的な反応、すなわち現実から当然生じる否定的な行動として理解されよう。さらに、その中にアタッチメントの内的作業モデルの不安定性に由来する不信感、恐れ、怒りに基づく関係の拒否が混在している場合と、アタッチメントの内的作業モデルは基本的に安定していて、現実への自然な反応からの拒否のみがある場合とが分けられる。

アタッチメントの内的作業モデルが基本的に安定しており、一時的に不安定になっていて不本意に援助の場に連れてこられた青少年の場合には、援助者が青少年の立場への共感を示してかかわりを続けることにより、援助者との関係ができていく。たとえば、古い事例であるが、佐治守夫[4]の女子高校生の事例には、そのようなかかわりの一セッションが逐語で示されている。最初かたくなに沈黙していたクライエントが、佐治の共感的かつ情緒応答的なかかわりにより、五〇分の中で心を開いていく様子が伝わってくる。ただし、この事例は、状況の不本意さの程度はそれほど高いものではなかったと思われる。場合によっては、関係を作るのに、何時間、何日もかかることもある。

しかし、内的作業モデルが安定している青少年の場合には、援助者のある程度の共感と情緒応答的なかかわりと時熟を待つ姿勢があれば、安定したアタッチメント関係が着実に育っていく。一方、非自発的に援助の場に連れてこられたことに加えて、アタッチメントの内的作業モデルが不安定な青少年の場合には、青少年の立場に共感しつつ、青少年の体験世界に接近しようと援助者が努力をしてもなかなか関係が育たないか、あるいは、攻撃性や性衝動の行動化などにより関係を破壊する動きが出てくることが多い。

次に、自発的に援助の場に現れた青少年の場合にも、内的作業モデルが安定的である場合と不安定である場合によって関係の形成の困難さが異なり、さらに、不安定な内的作業モデルを持つ青少年の中でも、不安定性の程度により困難さは異なる。また、内的作業モデルが極めて不安定な青少年、すなわち、虐待を受けた経験や心的外傷体験から回復していない状態にあり、強い不信感や恐怖がアタッチメント欲求を大きく上回る青少年は自発的に精神的な援助を求めることはほとんどない。ただし、道具的に具体的な現実問題への対処を求めて自発的に援助の場に現れることもある。

また、アタッチメントの内的作業モデルが不安定でとらわれ型の青少年は、依存性が高いために、自発的に援助を求め、関係が容易に形成されるように錯覚されることがある。しかし、依存の背後に不信感や不安や恐れや怒りがあるため、それらによって、援助者との関係の中に困難さが生じる。境界性パーソナリティ障害のクライエントにしばしば見られる治療者を試すような行動化、たとえば、関係が成立したと治療者が思った矢先に、自己破壊的な性的な関係を衝動的に持つなどの行動は、そのような困難さの一例である。

以上に概観したように、自発的に援助を求めているのか否かに加えて、内的作業モデルの質と不安定性の程度により、青少年との関係作りの困難さが異なる。そして、アタッチメントの内的作業モデルは、たとえ、基本的に安定的なモデルを持っている青少年であっても、精神的な危機に際しては、一時的に不安定なものになることがある。

次に、内的作業モデルの安定性の程度の見立てについて考えていこう。

2 アタッチメントの安定性と精神的な危機

青少年の現実のアタッチメント対象との関係について見立てることは、介入の範囲や方法を考える時に重要な要素となる。

思春期の青少年が何らかの強いストレスにさらされて、精神的な健康が脅かされている場合、アタッチメントの内的作業モデルの安定性（安定的なアタッチメント関係の数）と、安定的なアタッチメント関係が保持されているか喪失があるかという視点から見ると、六通りの場合が考えられ、それぞれ、青少年に対する専門的な援助の必要性が異なる（表6）。

本章で述べるアタッチメントの安定性は、２章で説明したＡＳＩ[5]のモデルによるものである。そこで、それぞれの場合について見ていく前に、繰り返しになるが、アタッチメントの安定性について簡単にふりかえっておく。

アタッチメントが安定型である人は、安定的なアタッチメント関係を二つ以上持っている。不安定型のアタッチメントの内的作業モデルを持っている人は、安定的なアタッチメント関係が一つまたはゼロである。ただし、安定的なアタッチメント関係がゼロであることと、何らかのアタッチメント関係があるかどうかは異なる。アタッチメント・システムは１章に述べたように生得的なものであり、欠如しているということは

表6　精神的危機における安定的なアタッチメント関係の数と内的作業モデルの安定性

<table>
<tr><td colspan="2" rowspan="2"></td><td colspan="3">アタッチメントの内的作業モデルの安定性</td></tr>
<tr><td>安定型</td><td colspan="2">不安定型</td></tr>
<tr><td></td><td></td><td></td><td>少し
不安定</td><td>極めて
不安定</td></tr>
<tr><td rowspan="3">安定的な
アタッチメント関係</td><td>保持</td><td>2以上（Ⅰ）</td><td>1（Ⅳ）</td><td></td></tr>
<tr><td>部分的喪失</td><td>2以上→1（Ⅱ）</td><td>1→0（Ⅴ）</td><td></td></tr>
<tr><td>全面的喪失</td><td>2以上→0（Ⅲ）</td><td></td><td>0→0（Ⅵ）</td></tr>
</table>

（Ⅰ）から（Ⅵ）は，それぞれの場合の符号．

ない。アタッチメント型の不安定性が極めて高い人の場合でも、危機に際しては何らかのアタッチメント行動がみられ、継続しない束の間の関係かもしれないが、アタッチメント関係を持つ。ただ、そのアタッチメント関係は不安定なものであることが圧倒的に多い。

安定的なアタッチメント関係とは、以下のような関係である。「その人は、そのアタッチメント対象とほぼ一カ月に一度以上、個人的な接触をしている。人生における危機的な状況、大きな問題がある時は必ずそのアタッチメント対象に、自分の気持ちも含めて打ち明けて話している。アタッチメント対象はその話を共感的に聞き、積極的に情緒的な援助（サポート）をしている。その人は、危機的な状況においてアタッチメント対象が頼りになると感じており、アタッチメント対象の存在により安心感がもたらされている」

さらに、アタッチメントの内的作業モデルが安定型であるということは、以下のように定義される。「不信感、親しくなることへ妨げ、拒絶されることへの恐れ、離れることへの恐れ、怒り、のいずれも低い。自己信頼と親密さへの欲求は、高すぎず低すぎず中程度である」

これらの定義を踏まえ、アセスメントについて簡単に述べる。アタッチメントの内的作業モデルが安定型であるかどうかは、一回の面接で判断できるとは限らない。初回面接には象徴的にさまざまな素材が出てくる側面もあるが、先に述べたように、不本意に治療の場に連れてこられたなどの、状況に起因する関係性のゆがみもあるので、内的作業モデルのアセスメントは慎重に行うべきである。

不信感や怒りや恐れや依存や拒否などは、不安定なアタッチメントの内的作業モデルの指標となるが、治療者とのコミュニケーションの様態は、クライエント個人の要因のみによって決まるものではない。治療者との相互作用の中で生じるものであり、さらに、その場が置かれている状況の要因によっても影響される。治療者の個人要因として、治療者の年齢や性別や服装や言葉遣いや立場や態度が、青少年にとって、治療者が思っている以上に「苦手」「上から目線」などと違和感を持たれ、青少年のかかわりに対する気をそぐことがあることも考慮する必要がある。「若者」が「大人」と距離を取ろうとするのは自然で健康なことである。逆に、若い治療者が青少年とかかわる場合には、自分の親近感を投影して気軽に近づきすぎて、青少年からうっとおしがられたり気持悪がられたり、未熟なのではないかと疑われたりすることもある。

治療者に対する違和感をあからさまに態度に出す青少年もいるが、3章にふれたように、傷つかないように気をつかう関係を身につけている青少年も多いので、あたりさわりのない受け答えで「流し」たり、内面について語ることを巧妙に回避しながら場をつなぐという形でかかわりから微妙に身を引く人もいる。

もちろん、治療者は嫌でも年はとっていくし、若さは隠せない。性別や立場は変えられない。どんな服装や言葉遣いや態度であっても、誰かしらひっかかる人はひっかかる。治療者の個人要因については神経質になってもしかたのないことであり、あるがままの治療者の姿で臨むしかない。しかし、コミュニケーションがうまく成り立たない場合、それがクライエントの側の要因なのか、治療者の要因との相互作用の影響なのか、場の影響なのか、などとさまざまに思いをめぐらすことが必要である。

たとえば青少年の不信感と猜疑心に満ちたまなざしや、おどおどとして言葉がうまく出てこない様子や、心細げでしきりに頼ってくる姿勢や、噛みつくように質問を投げつけてくる態度などがあったとしても、すぐに不信感が強い、恐れが強い、依存性が高い、攻撃性が高い、などと判断しない方がよい。逆に、にこやかに話し、気持ち良くコミュニケーションが成り立っているようでも、肝心のことは何も話されていないことに、面接が終わってふりかえった時に気づくこともあるかもしれない。慎重にさまざまな角度からながめる視点と、クライエントが置かれた状況と体験している気持ちを正確に、具体的に、共感的に理解する姿勢を持ちつつ話を聞いていく必要がある。

その上で、治療者との関係の中でほどよい信頼関係を築くことができる、すなわち、治療者の援助者としての役割を理解し、怖がったり依存しすぎたりすることなく、適切に自分の内面も含めた具体的な情報を治療者に伝えて援助を求める姿勢や、治療者の存在から安心を得ている様子が見えれば、それは、クライエントの中に安定的なアタッチメントの内的作業モデルがあることの指標である。また、そうやって信頼関係が築かれていくに従って、話がわかりやすくまとまった、そして情感のこもったものとなることも安定的な内的作業モデルがあり、自我がうまく機能していることを示唆している。また、危機的な状況の中で理不尽な立場に置かれたことへの反応としての攻撃性を除けば、普段、それほど攻撃性が高くないことが周囲の人との関係の話から伝わってくれば、それも安定的な内的作業モデルを示唆する。

筆者の経験では、安定的な内的作業モデルを持っている人で、自発的に援助を求めており、状況がそれほど不本意なものでない場合には、初回面接の終わりごろまでには、安心感、信頼感、コミュニケーションの円滑さがみられるようになることが多い。不本意な状況で援助の場にあらわれた場合でも、二回目から数回の間にくつろいで、開かれた態度で話すように変化して、関係ができてきた手ごたえと、ほどよい距離感が感じられる場合には、安定的な内的作業モデルがあることが推測される。主観的であるとの批判を恐れずに言えば、治療者が面接の中で安心し、くつろいで話が聞けることが、クライエントの内的作業モデルが安定的であることの指標であるといえる。

ただし、これは治療者の逆転移の要因を排除し、中立性が保たれていることを前提にした指標でしかない。治療者の主観的体験はあくまでも手がかりに過ぎない。クライエントの内的作業モデルの安定性を確認するためには、クライエントの現実生活の中での安定的なアタッチメント関係の歴史と現状を具体的に聞いて判断する必要がある。特に、回避型のクライエントは抽象的な、あるいは曖昧な言葉で「現実」を話すことが多く、治療者がクライエントの言葉をうのみにして理解しようとすると、現実とかけ離れた理解にとどまってしまうこともある。

次に、周囲の人と青少年とのアタッチメント関係をアセスメントするためには、先述の安定的なアタッチメント関係の定義を頭に入れておく必要がある。そして、アタッチメント関係をアセスメントするために抑えておくべきポイントは以下のようなものである。まず、ある人がアタッチメント対象であるかどうかを、危機的な状況においてその人に接近したか、すなわち、接触をしたか、危機的な状況を伝えたかというアタッチメント行動により判断する。次に、その人がアタッチメント対象であった場合に、アタッチメント対象がその危機的な状況に対して、どの程度、どのように情緒的にサポーティブな言動をしたかという保護行動についての情報を得る。そして、アタッチメント対象との接触が、危機的な状況におかれた青少年に対して心理的な安全感、すなわち安心感をもたらしたかどうかをきく。アタッチメント対象の不在・喪失についての感情と、普段の接触の頻度の情報は、アタッチメント対象が普段からその人にとって安全基地となっているのかどうかを判断するためのものである。そして、それらを総合して、アタッチメント関係の安定性を判断するのである。

たとえば、実家から離れ、別の地域で一人暮らしをしている大学生が単位を落として留年することになって落ち込んで相談に来た場合に、その青年の母親とのアタッチメント関係をアセスメントするためには、次のような質問をする。

「お母さんとよく電話する？　それともメールする？」（電話が多い場合）「普段、一カ月に一度くらいは電話する？」「お母さんに留年のことは話した？」「落ち込んでいることは話した？」（話した場合）「それについてお母さんはなんか言ってくれた？」「お母さんのことを頼りにしている？」「話してほっとした？」「お母さんがいなくなったら困る？」

もちろん、相手や場合により質問の仕方は異なる。質問の仕方は、それぞれの心理療法家の工夫次第である。

次に、表6のそれぞれの場合についてみていこう。

I　安定型のアタッチメントの内的作業モデルを持ち、安定的なアタッチメント関係を二つ以上現実に持っている青少年の場合

この場合は、4章に述べたように、危機的な状況に際して、安定型のアタッチメントの内的作業モデルが、社会システムや自我の力を適応的に用いることを可能にし、精神的健康の防御要因として機能する。具体的には、彼らは安定的なアタッチメント対象に接近して保護、すなわち心理的な援助、必要ならば具体的・現実的な援助をも求め、心理的な安全を確保する。また、社会システムの中にある自らの心理的な安全を保つために必要なサポートを利用する。さらに、自我の適応的な力を用いて危機をのりこえていく。すなわち、神経症的防衛機制である昇華、補償、知性化、ユーモア、予測、抑制を適応的に用いると同時に、情動統制能力、現実の判断力、現実対処の行動力、対人関係能力を適応的に用いる。

要するにいわゆる健康な青少年が何らかの精神的な危機にさらされたものの、その人にとっての安全基地は無事で保持されている状況である。この場合、心理臨床家の出番はあまりなく、あるとしても、青少年にかかわる人々についてのコンサルテーション的なかかわりにとどまる。

II　安定型のアタッチメントの内的作業モデルを持ち、安定的なアタッチメント関係を持っていた青少年が、アタッチメント対象の喪失、または、アタッチメント対象の変化によって、複数の安定的なアタッチメント対象の中の一部の人との安定的なアタッチメント関係を失ったが、少なくとも一つは安定的なアタッチメント関係が保持された場合

アタッチメント対象の変化とは、4章に述べたように、たとえば、アタッチメント対象自身のライフ・イベントなどにより、安定的なアタッチメント対象として機能できなくなる、すなわち、利用可能性(availability)が低くなるという変化である。

安定的なアタッチメント対象として機能できなくなる期間や程度は、さまざまである。軽く短期の場合として、一時的なストレスに対する反応としていわゆる余裕のない状態になり、保護システムが起動しなかったり、起動しても適切な保護的な行動ができなかったりする場合がある。たとえば、アタッチメント対象である片方の養育者が突然解雇されて次の仕事を探している間は、不安やいらだちで気持ちの余裕がなく、子どもが学校でいじめられたと訴えても、それくらいのことは我慢しなさい、と半ば上の空で答えるかもしれない。この例では、養育者は再就職に成功すれば、適切に保護システムを機能させることができる状態に自然に戻る可能性が大きい。一方、重く長期の場合には、アタッチメント対象にかかるストレスが外傷的なものであって、アタッチメント対象自身が治療を必要とする状態になる場合などがある。この場合、アタッチメント対象自身の内的作業モデルがかなり不安定なものに変化するため、保護システムを適切に機能させる状態に回復するのはなかなか困難である。さらに、アタッチメント対象が攻撃衝動や性衝動を統制できないような自我の退行した状態に変化してしまった場合にも保護システムは起動しにくい。たとえばアタッチメント対象である片方の養育者が、職場で起きた同僚に対するハラスメントへの抗議の闘争に明け暮れ、怒り

の火だるまになって日々を過ごしていたり、あるいは、浮気をして恋の熱に浮かされていたりすると、子どもからのアタッチメント行動としての接近があっても保護システムがうまく起動しないことがある。

以上のように、安定的なアタッチメント関係の一つが喪失あるいは変化によって失われた場合でも、安定的なアタッチメント関係が一つ以上現実に残っていれば、Ⅰの場合と同様、心理臨床家が必要となることはさほど多くない。青少年の内的作業モデルは、一時的に不安定型になっても、残された安定的なアタッチメント関係が防御要因となり、さらに、社会システムや自我の力が働く中で、安定型の内的作業モデルに戻っていくことが多いからである。

ただ、危機がどのようなものであるかという質と強さ、安定的なアタッチメント関係がどのような仕方で失われたか、によってその様相は異なる。関係の喪失が心的外傷体験となるような性質のものであった時、たとえば、目の前で一人の親が殺されたような場合には、一時的にであっても、世界に対する信頼感が崩れ、絶望感や怒りが汎化して残された安定的なアタッチメント関係も不安定になる。これは、Ⅱではなく、次に述べるⅢの場合に相当する。

一方、喪失がゆるやかで部分的なものにとどまる場合、青少年が失われたアタッチメント関係に替わる新たなアタッチメント関係を自然に築いていく可能性もある。3章で述べた、多くの思春期の青少年が経験する、養育者から友人や恋人へのアタッチメント対象の移行という現象もその一つである。

Ⅲ　安定型のアタッチメントの内的作業モデルを持ち、安定的なアタッチメント関係を持っていた青少年が、安定的なアタッチメント関係を一度にすべて失った場合

この場合は、安全基地を失って危機的な状況になるため、内的作業モデルは一時的にであっても、かなり不安定になる可能性があり、専門的な援助が必要になることもある。たとえば、Ⅱで述べたように心的外傷

となるような喪失体験の場合や、ハラスメントやいじめにあい、それを誰にも相談できないと思いこんで一人で問題を抱えているような場合などがある。

しかし、内的作業モデルがもともと安定型であった青少年の場合には、適切な援助があれば、援助者との関係の中で内的作業モデルが再び安定的なものになり、新たに安定的なアタッチメント関係を築いたり、もとの安定的なアタッチメント関係を修復したりする可能性が高い。また、周囲のもともと安定的なアタッチメント対象であった人の変化によって安定的なアタッチメント関係が失われた場合には、その人への介入によって、安定的なアタッチメント関係が修復されることもある。

たとえば、中学生の時に両親が離婚した女の子は、母親と二人暮らしを始めたが母親が慣れない仕事をはじめて忙しくなり、イライラしたり、疲れたりするようになっていった時期に、不登校が始まった。中学生はスクールカウンセラーのところに担任から促されて一度来たものの、表面的に友人関係の悩みを数回話しただけで、来なくなった。スクールカウンセラーが母親との面接を数カ月続ける中で、母親はスクールカウンセラーを安定的なアタッチメント対象として、精神的に安定していった。母親の話の中から、中学生はもともとアタッチメントの内的作業モデルは安定型で、父親、母親の双方との間で安定的なアタッチメント関係を築いていたことが推測された。母親の変化を感じたのか、中学生は母親に対して、離婚して出ていった父親に対する気持ちを話したり、学校での問題を話したりするようになり、安定的なアタッチメント関係が母親と娘の間で回復していった。そして、学年があがったことを機に中学生は再び登校して適応していった。

この事例の中学生は、両親が安定的なアタッチメント対象だったが、離婚により、父親というアタッチメント対象を失い、母親が適応上の問題からアタッチメント対象として一時的に機能しなくなっていた。スクールカウンセラーが母親に介入して支持的にかかわった結果、母親が再び安定的なアタッチメント対象として機能を回復していった例である。

DSM－Ⅳ[6]の適応障害はこのⅢの場合に含まれるが、アタッチメント対象の喪失が外傷的な場合はPTSDが生じたり、不安障害などの精神症状を生じたりする場合もある。症状の診断に加えてもともとのアタッチメントの安定性を見立てることが、治療経過や予後の予測に役立つ。

内的作業モデルがもともと安定型であれば、思春期から成人期の人の場合には、周囲からのサポートを急がなくても、その人自身のペースで新たな安定的なアタッチメント関係を再構築するのを見守るだけで十分なことがある。思春期の青少年の場合には、精神的な危機の程度にもよるが、安定的なアタッチメント対象をすべて喪失し、安全基地を失って孤独になり、危機的な時期を自らの力で乗り切ることが、イニシエーション（通過儀礼）の体験となり、自我同一性の確立に役立つことがあるからである。内的作業モデルが不安定型の人の場合にも同様のことがいえるが、内的作業モデルが不安定型の場合には、自我の力が安定型の人に比べてうまく使えず、自分で自分の身と心を守ることに失敗する確率が高いと思われる。したがって、不安定性の程度や周囲の状況にもよるが、周囲からの見守り、必要に応じてサポートができる体制の必要性が高い。簡単に言うと、内的作業モデルが安定型であるかどうかは、青少年をつきはなして冒険をさせてもよいかどうかの判断にかかわるのである。冒険には、試行錯誤の行動を一人ですることと、内的な世界の中での冒険としてのひきこもりとがある。

余談だが、具体的な他者からの保護の必要性が高い小さい子どもや老人の場合には、アタッチメントの安定性にかかわらず、つきはなしてしまえば生命にかかわる。安定的なアタッチメント関係の修復は急務である。ただし、老人でアタッチメントが回避型の人で、生きる知恵に自信があり、少ない体力や資源でもなんとかやりくりをしながら一人で生きていくことを選択する人もいる。そのような人に対しては、いわゆる「余計なおせっかい」をしないように気をつけるべきだろう。逆にアタッチメントがとらわれ型の老人は、何不自由ない生活を送っているように見えても、まめに気にかけてほしいと望むかもしれない。老年期のアタッチメントのスタイルについては今後の研究が待たれる。

Ⅳ　不安定型のアタッチメントの内的作業モデルを持ち、安定的なアタッチメント関係が一つだけあり、その関係が保持されている青少年の場合

この場合は、危機的な状況において、安定的なアタッチメント関係が防御要因になることもあるが、危機の質と強さによっては、専門的な援助が必要である。

たとえば、幼稚園の最後の年に父親が事故で急死し、それ以来母親と二人暮らしをしてきた中学生の男子は、小学校時代には、攻撃的な言動のために、友人や先生とトラブルがたえなかった。学校の先生や親の話から、この中学生は不安定型のアタッチメントの内的作業モデルを持っていることが推測された。すなわち、不信感や人と親しくなることへの妨げや怒りがかなり強く見られた。一方、母親との間では、自分の抱えている問題を気持ちも含めてうちあけて相談し、素直に頼る行動が見られ、母親が唯一の安定的なアタッチメント対象となっているようだった。母親は気丈な人で、夫の急死から半年ほどは悲嘆と混乱の日々を送っていたが、近くに住む夫の両親の支えで気持ちをもちなおして仕事を始めると職場で頭角をあらわし、数年のうちに管理職の地位を得て仕事を楽しんでいた。中学生は、祖父母宅で夕食を食べさせてもらうなどかなり祖父母の世話を受けているが、勉強や行儀に厳しい祖父母にあまりなつかず、距離をとった関係を保っていた。

彼は、中学二年の秋ごろに、それまでよかった成績が急に落ち、回復しないまま中学三年の夏を迎えた。そして、希望していた高校への進学が危うくなり、志望高校の見直しを担任の女性教員や母親と話し合っていた矢先、「人の目が気になる」と言って、二学期から学校を休みはじめた。母親は進路のことが問題なのだろうと思い、「どこの高校にいってもまたがんばれば大丈夫よ」などと息子を励まそうとしたが、息子は

不機嫌になってテレビゲームにのめりこむばかりである。母親は「子どもの気持ちがわからなくなってしまいました」と担任に訴えた。担任が家庭訪問をすると、中学生は下を向いたままで何を聞かれても「別に」としか言わない。担任は自分の誠意が伝わらないことにいらだち、ついに「大事な時期にどうするつもりなの！」と感情的に大声を出してしまった。何とか気持ちをしずめて説諭してみたが、中学生はかたくなに押し黙っている。これは手におえないと感じた担任は学校に帰ってから男性のスクールカウンセラーに事情を話す一方で、母親にスクールカウンセラーへの相談をすすめた。家庭訪問の後、担任の先生のことを「うざい」と言う息子に頭を抱えていた母親は、「スクールカウンセラーの先生は違うから行きましょう」と息子に話した。しかし、中学生は「必要ないよ、時間がもったいない」と言う。

数週間後、母親に伴われてようやく相談室を訪れた中学生は、スクールカウンセラーとの面接の中で、最初は、木で鼻をくくったようなそっけない応答をして、挑発的、攻撃的なそぶりを見せた。カウンセラーは、挑発や攻撃に対しては毅然とした対応をしつつ、中学生の気持ちにゆっくりと触れていった。中学生は少しずつカウンセラーに信頼を寄せるようになり、厳しい祖父母の話や急死した父親の思い出を抽象的な言葉ではあるが話す中でアタッチメント関係ができていった。そのころ、中学生は、カウンセラーに、「どうせ俺は女にももてないし」と漏らした。人の目が気になるようになったきっかけというのは、ある女の子に告白してふられたことだったのである。カウンセラーが中学生の傷ついた気持ちを慎重にあまり深入りせず聞いていくと、彼の攻撃的な自暴自棄な調子は徐々に鳴りをひそめ、穏やかになっていった。このころ、母親から担任に、「子どもが家で高校進学のための勉強に再びむかいはじめ、高校にはぜひ行きたいと話している」との報告が入った。そこで、カウンセラーと担任が連携して中学生の様子を見ながら登校を促すと、中学生は少しずつ登校しはじめ、高校に進学した。

これは、母親が安定的なアタッチメント対象となってはいるが、男子中学生にとって、母親に思春期の恋愛の悩みをうちあけることは難しく、同性のスクールカウンセラーが専門的な援助者として機能した例である。

V　不安定型のアタッチメントの内的作業モデルを持ち、安定的なアタッチメント対象が一人だけあったが、その安定的なアタッチメント関係を失った青少年の場合

不安定型の内的作業モデルを持つ青少年にとって、唯一の安定的なアタッチメント関係の喪失は、不安定性の程度を強め、極端な場合にはアタッチメントの体制化が一時的にであっても崩れてしまうこともあり、重大な精神的危機をもたらすことが多い。不信感が絶望へと深まり、怒りは対象性のないものになったり、破壊的な暴発になったりすることもある。したがって、専門的な援助が必要である。

一人だけあった安定したアタッチメント対象を喪失した場合に、不安定的なアタッチメント関係であっても、アタッチメント対象となりそうな人が青少年の身近にいれば、その人と青少年の関係が少しでも安定的なアタッチメント関係になるように援助していくことも有効である。喪失、すなわち、死別・離別・失踪などの場合には、そうした新たな安定したアタッチメント対象候補の人は、青少年の身近な関係者として、喪失体験を共有していることが多い。したがって、その人自身の喪の作業を支える意味でも、援助は有効である。とはいえ、もともとアタッチメントが不安定型で喪失体験をした青少年はかなり内的作業モデルが不安定になっていることが多いので、新たに安定的なアタッチメント関係を築くことは困難であり、せいぜい、アタッチメント関係の極端な不安定性が少し安定的なものになる位を目標にしておくのが無難だろう。

アタッチメント対象となりそうな人が青少年の身近にみつけられない場合には、心理療法家が青少年との心理療法の中で安定的なアタッチメント関係を作っていくことが必要になる。[7・8・9]「夜回り先生」と呼ばれる水谷修の、精神的・身体的・社会的に追い詰められた青少年とのかかわりの記録からは、不安定な内的作業モ

デルの青少年との間にアタッチメント関係を作っていく時に必要な保護システムの発火の様子が伝わってくる。

保護システムは、多くの場合、まず、ある人のアタッチメント・システムの活性化水準が高まりアタッチメント対象に接近した結果、アタッチメント対象の人の中に起動されるものである。しかし、薬物中毒になったり、反社会的集団に入ったりして、水谷の言うところの夜の世界に入ってしまった青少年は、昼の世界の大人にアタッチメント対象を見出して自分から接近してくることはまずほとんどない。彼らに対して接近するのは、アタッチメント対象として名乗りをあげた人の側からである。アタッチメント対象になろうとする人は、頼まれもしない世話をやく、すなわち、保護システムを発火させて、相手に自分をアタッチメント対象として認めさせる努力をすることになる。

ただ、教師である水谷の実践は心理療法ではなく、自分自身の生活のすべてを傷ついた子どもたちのために捧げる実践である。心理療法家は、そこまで身をなげうった実践を一人ですることは通常はできないので、必要に応じて福祉・医療・教育、時には警察などの関係者と連携をとり、文字通り青少年を「保護」しながら、安定的なアタッチメント関係を作っていく。

極めて不安定なアタッチメントの青少年にアタッチメント対象として自分を売り込んでいくのは容易なことではない。不安定なアタッチメントの内的作業モデルを持つ青少年は、不信感、怒り、恐れ、依存欲求を強く持っていて、それが対人関係においてさまざまな形をとって障害となる。したがって、彼らと関係を築いていこうとする人は、彼らの不信感を超える信頼、怒りを受け止める強さ、恐れをみつめて待つ安定感、依存欲求を適度な距離に調整する能力が必要である。そうして、青少年に対して保護システムを発火させた姿勢を保ち、彼らにとって利用可能（available）な、すなわち、近接可能で応答的な関係を維持しつづければ、やがて関係が生まれてくる。このような青少年のアタッチメントの内的作業モデルは未組織型であることが多いため、関係はできたかと思うと壊れる、信じても裏切られる、甘えてくるかと思えば攻撃してくる、というまさに不安定な時期が続く。アタッチメントが安定したものになるには時間とエネルギーをかなり要する。Ⅲに述べた安定型のアタッチメントの内的作業モデルを持つ青少年に比べて、格段に困難な道である。援助者自身がバーンアウトしないように、自らのサポート・システムをきちんと持っておく必要がある。

ただ、青少年のアタッチメントの内的作業モデルが安定したものに変化していくと、日常生活の中で新たに安定的なアタッチメント関係が生まれることもある。たとえば、安定したパートナーをみつけるなどである。

逆に安定的なアタッチメント関係が日常生活の中で生まれることによって、内的作業モデルが安定していくこともある。水谷[10]が紹介している、恋人の支えにより薬物中毒から抜けだした事例はその一つの例であろう。また、子どものころには不安定型だったアタッチメントが大人になって安定型に変化した、いわゆる「獲得された安定型」の研究からも、パートナーなどの安定的なアタッチメント対象の存在がその変化に寄与する可能性が示されている。[11]

一方、アタッチメント対象そのものの喪失ではなく、アタッチメント対象の変化による関係の変質により安定的なアタッチメント関係が喪失した場合には、Ⅲと同様に、周囲のもともと安定的なアタッチメント対象であった人に介入することによっても、安定的なアタッチメント関係が修復されることがある。

Ⅵ　不安定型のアタッチメントの内的作業モデルを持ち、安定的なアタッチメント関係が皆無である場合

安定的なアタッチメント関係が皆無であるということは、アタッチメントの内的作業モデルが極めて不安定であることを示唆している。このような青少年は、危機的な状況においても自分から援助を求めないことが圧倒的に多いが、専門的な援助の必要性は極めて高い。援助の中でアタッチメントの内的作業モデルが安

定したものに変化していけば、日常生活におけるアタッチメント関係が少し安定的なものに変化していく可能性がある。

精神科医であるブリッシュが『アタッチメント障害とその治療』[12]の中に書いている非行少年の事例は、そのひとつの例である。要約して紹介する。万引きや無謀運転による事故などで数回逮捕された後、裁判所からブリッシュのもとへ送られてきた一三歳の少年Ｐは、一人っ子で父親が刑務所で服役中であった。母親はとらわれ型の不安定なアタッチメント・スタイルの人で、自らの情緒的窮乏状態を満たすためにＰを家にひきとめていたが、Ｐの安全基地とはなっていなかった。ブリッシュは入院治療の中で、集団精神療法と個人療法を併用した。集団精神療法の場が仲間集団としてＰの安全基地となっていった後、Ｐは個人療法の中でブリッシュとの間で安定的なアタッチメント関係を築いていき、Ｐにとっての主要なアタッチメント対象が刑務所の中にいる父親であることが次第に明らかになっていった。ブリッシュは父親とＰの面会を設定し、それを機にＰの抑うつは改善していった。Ｐにとって仲間集団が安全基地として機能し、Ｐは仲間、父親を安定的なアタッチメント対象として、退院後も母親との間に境界線をひき、問題行動を起こすことなく適応していった。

この事例は、不安定ながらも少しでも安定的になる可能性のあるアタッチメント関係が存在した例である。不安定型の中でも、内的作業モデルが体制化されていない場合、すなわち、子どもの時に心的外傷や虐待を受けた、あるいは受けつづけている、アタッチメント障害を抱えた青少年は、深い不信感、怒り、恐れの感情を抱いており、関係を築くことはかなり困難である。そのような青少年は、性非行、攻撃行動――自傷他害――などにより、援助の場に現れることが多い。ブリッシュは、そのような重症のアタッチメント障害の子どもや青少年を施設で治療しているという[13]。施設では担当の養育者がかかわるほか、施設スタッフ全体が治療チームとして、ブリッシュのスーパービジョンのもとにアタッチメント障害の子どもとの間で安定したアタッチメント関係を育てているという。

ただし、虐待を受けたアタッチメント障害の子どもの治療については、退行を促進したり身体接触を強調したりする「愛着療法」や「抱っこ療法」が有害な結果を生み出している事実がある、という警告もなされており[14]、実施には慎重を要する。

IからⅥのいずれの場合も、危機が心的外傷体験となるような強烈なものである青少年の場合には内的作業モデルがかなり不安定なものとなり、それが安定的な内的作業モデルになるには時間がかかり、専門的な援助が必要であることが多い。内的作業モデルを不安定にする危機をもたらす要因には4章の4に述べたように、個人要因と環境要因があり、環境の要因として、迫害・差別、社会・経済的状況や居住地の変化、家族内・生活施設内の関係性、家族メンバーの変化、家族メンバーの個人要因、ライフ・イベントがある。

内的作業モデルが極めて不安定になっている青少年とのかかわりにおいて、不信感を向けられても信頼を失わず、怒られても怒り返さず、恐れられてもゆったりと構え、甘えられても甘やかさずつきはなさないままに、近くにいつづけ、共感を持ってかかわりつづけるためには、心理療法家自身に、ある程度安定したアタッチメントの内的作業モデルがあることが必要である。

精神分析を実践する人はトレーニング・アナリシスを受け、箱庭療法を実践する人は、パーソナル・プロセスを体験することにより、自らの無意識的な課題と取り組む体験をする訓練が、それぞれの国際的な協会、学会で求められている[15・16]。心理療法の学派により、訓練の仕方は異なるが、心理療法家の訓練として自らが心理療法を体験することは、治療過程を体験的に知るだけでなく、自らのアタッチメントの内的作業モデルの安定性を確保するために有効なのではないかと考える。自分はアタッチメントが安定型だから心理療法を受ける必要はないと思う人は、心理臨床の実践経験を数年してさまざまな不安定型アタッチメントの人とのかかわりを経験した後に心理療法を受けることが訓練として役に立つだろう。

また、青少年の安定したアタッチメント関係の喪失が、アタッチメント対象の喪失であるのか、アタッチメント対象の変化による喪失なのかによっても、援助の仕方は異なる。対象喪失に対しては、喪の作業と新たなアタッチメント関係の創出が必要である。アタッチメント対象である人の変化に対しては、その変化への対応を援助する方法と、アタッチメント対象に対して安定したアタッチメント対象として機能できる方向への変化を促す介入をする方法とがある。親面接、環境調整など、思春期のクライエントを援助するに際して、周囲の人間にアプローチすることの有効性はすでによく知られているが、誰がアタッチメント対象であるのか、あったのか、アタッチメント対象となりうるのか、という視点や、安定したアタッチメント関係の修復という視点を持つことはアプローチの焦点を定めていく上で有効である。

そして、アタッチメント対象となる人をはじめとする周囲の人々のアタッチメントの安定性と質を見立てることも介入の時に重要である。家族力動の理解に加えて、個人のアタッチメントの型をアセスメントすることでアプローチが変わってくる。

また、アタッチメント対象が友人や恋人などの同年代の人である場合に、アタッチメント対象自身が思春期の不安定さを抱えていて、安定したアタッチメント対象として機能するのが難しいこともある。したがって、青少年の現実世界の中で安定したアタッチメント関係がいったん成立したかのように見えても、少し慎重に見守っていくこと、治療者との安定的なアタッチメント関係をきちんと安全基地として確保し、必要な時はいつでも戻ってこられることを確認して治療関係を閉じることが必要である。ある意味では完全に閉じないことが思春期の臨床には必要である。

3 アタッチメント・スタイルと心理療法の初期の接近

2節では、いつ、誰に、どのように介入していくべきかという全体の見取り図を述べた。次に、クライエント自身、あるいは、クライエントの周囲の人との間に治療関係・援助関係を作っていくに際して、どのような接近の仕方が適切であるかについて述べる。

治療関係、あるいはもう少し広げて援助関係において最初に目標とすることは、ある程度安定的なアタッチメント関係を築くことである。それは、安定的なアタッチメント関係ができ、アタッチメント・システムの活性化水準が下がることがクライエントのある程度の心理的な安定をもたらすからである。心理的な安定は、クライエントが適応のために必要な自我の力を用いるために必要なものである。また、探索的心理療法の場合には、アタッチメント・システムの活性化水準が下がって初めて探索システムを機能させることが可能になる。

経験を積んだ心理療法家の場合には、最初に安定的なアタッチメント関係を築くことは自然に身に付いていることが多い。しかし、経験が浅い心理療法家の場合、安定したアタッチメント関係が十分に確立しないままに、性急に探索的な作業に入ろうとして失敗することがある。たとえば、精神分析的精神療法であれば解釈や直面化、ユング派であれば箱庭療法の導入などが内的探索の作業に該当する。

安定したアタッチメント関係が確立し、治療者に対する一定の信頼感ができてアタッチメント・システムの活性化の水準が下がると、探索の過程は自然に始まるものである。精神分析的精神療法において初期に見られる抵抗の一部は、安全感ができていない中で無理に探索システムを活性化させることへの抵抗なのではないだろうか。精神分析的精神療法に限らず、治療過程の中で表面的な話に終始して深まらない、治療関係を妨げるような行動化をするなどの抵抗現象も同様に考えられる。

では、心理療法における安定的なアタッチメント関係とはどのようなものであろうか。それは、クライエントにとって心理的に安全であり、かつ応答的な関係である。

心理的に安全であるとは、人間として尊重される関係であるということである。心理療法における倫理の問題は日本ではようやく最近になって諸団体で倫理規定が整備されるなど、重視されるようになってきた。クライエントの人権を守り、人間としてその人を尊重するために治療者が責任を持って専門性を持って仕事をするという治療者の倫理性は、安全性の大前提となるものだろう。また、ロジャーズが治療的変化の条件となる治療者の態度の一つにあげた無条件の肯定的な関心、受容することも、基本的に人間としてクライエントの存在を大切にする態度であり、心理的な安全感を作るものであると考える。

次に、心理療法あるいは援助関係において応答的であるというのは、その人の置かれた外的状況とその人が体験している内的な世界の双方についてできる限り正確に、共感的に理解することであり、その理解を伝えることである。日常生活におけるアタッチメント関係と心理療法におけるアタッチメント関係が異なるのは、応答的であることの内容である。日常生活におけるアタッチメント関係において応答的であることは、情緒的かつ具体的な保護的行動をとることである。しかし、心理療法の治療関係において、具体的な保護的な行動を取ることは、あまりない。環境調整としてクライエントの周囲の人に介入することはあるし、支持的な精神療法においては、現実生活に対する助言や励ましなどを提供することはあるが、それ以上に実際に行動することはない。先述の「夜回り先生」こと水谷修の実践が心理療法と異なると述べたのもこの点である。心理療法家の仕事は、あくまでも心理学的な理解と対応である。

外的状況にしても内的体験世界にしても、クライエントを理解するためには、クライエントに接近して情報を得るコミュニケーションをする必要がある。そして、そこに生じる治療者とクライエントの関係において、クライエントの内的作業モデルの特徴を理解し、それに応じた接近をすることにより、安定的なアタッチメント関係を作ることができる。

そこで、次に、内的作業モデルの種類と接近の仕方、関係の作り方について具体的に見ていこう。[17] ここでも、2節同様に、アタッチメントの内的作業モデルの種類としてASIの分類を用いる。アタッチメントの内的作業モデルは、2章に述べたように、アタッチメント・スタイルとして、大きく五つに分類される。すなわち、明らかな安定型、怒り－拒否型、とらわれ型、恐れ型、引っ込み型である。さらに、二つの型が重なっている二重型もある。

明らかな安定型の人との関係作りは比較的容易であるので、不安定型の人について、その特徴と対応のコツについて述べる。以下に述べる特徴と対応は、青少年にも周囲の人にも共通にあてはまるものである。ただし、現実には、以下に記述する特徴の上にさまざまな要因が重なる。たとえば、それぞれの人の持つ特徴的な防衛スタイルやその人の文化的背景に由来するコミュニケーションの特徴などもあるだろう。また、先述のようにコミュニケーションは相互作用であり、相手、ここでは治療者の特性、年齢・性別・職業・パーソナリティ・文化、そしてコミュニケーションがなされる場の影響によってかなり異なる様相を呈する。それぞれのアタッチメント・スタイルの中核的な特徴は、2章の表3（五一頁）に示した。

1　怒り－拒否型

まず、怒り－拒否型のアタッチメント・スタイルの人は、自信があり、他者に対して不信感が高いこと、人と距離を取ろうとし、硬い印象や壁があるような印象を受けること、敵意を含んだ他者への批判や自らの攻撃的な行動についての話が多いことが特徴である。この型の人の話す量には個人差がある。多くを語る場合には、自分は何でもわかっている、という調子で滔々と語る。あるいは淡々と語りつつ、こちらから質問してもそれにはあまり答えず、自分の言いたいことをマイペースで話す場合もある。あるいは、話しても仕方ない、他者からの援助など期待していない、という雰囲気で多くを語らない場合もある。いずれにしても、この型の人を見分けるには、話を聞いている治療者の中に起きてくる、一方的に話をされて圧倒されそうな感じや、見下げられた感覚と怒りや、相手にされないいらだち、こちらが言ったことが全く耳に入っていないかのように捨てられてしまういらだちなどが手がかりになる。また、この型の人は、物事を決める時に、人に相談しないで独断で決める、あるいは人に相談をしても最終的には自分で決定することが多い。

この怒り－拒否型の人に対して、対抗的、批判的な姿勢で臨むと早期に関係が切れる可能性が高い。意識的に治療者の心の中に生じる批判の声を小さくし、姿勢を低くするような構えでアプローチする必要がある。この型の人で多弁なタイプとは議論にならないように用心するべきだろう。この型の人は議論に負ければ面白くないからと関係を切ろうとし、議論に勝てば治療者を価値下げして関係を切ろうとするからである。冷静に、控えめに関係を継続しつつこちらの専門性を伝えるアプローチを取る。ただし、姿勢を低くしすぎても、この型の人は、不信感や疑念が強いので、謙虚さを治療者の自信のなさや専門性の低さであると認知して関係を切ることがある。腰を落として両足を踏んばる相撲のような構えをイメージするとよいかもしれない。また、この型の人は拒否することが基本的なスタイルなので、関係を向こうから切ろうとする動きが出た時にすぐにあきらめず、粘り強く働きかけを続けることが肝要である。また、かなり怒り－拒否型で距離を取ろうとする姿勢が強い人に対しては、無理に定期来談を促さず、必要になったら連絡したり来談するようにと伝えて待つという対応が有効であることもある。

2　とらわれ型

次に、とらわれ型のアタッチメント・スタイルの人は、怒り－拒否型と対照的であり、自信がなく、依存傾向が強く、対人緊張は基本的にあまり高くなく、最初から距離が近い印象があり、分離不安が強いことが特徴である。この型の人は、人懐っこい感じ、親しみやすい感じ、人によってはなれなれしい感じの印象があったりする。多弁であることが多いが、多くを語らない場合にも表情が豊かで感情の波が大きく、情緒がよく伝わってくる。依存関係をめぐる話が多く、今までに依存してきた相手との関係を理想化して語るか、依存させてもらえなかったり、依存して失敗したりした相手との関係を怒りや失望をこめて語ることも多い。

この型の人の話を聞いていると、治療者の中には、何とかこの人の力になってあげたいという身を乗り出すような感覚や、逆にべったりよりかかられて面倒だったり重たかったりする感じで、逃げ出したくなったり身を引きたくなったりするような感覚のどちらかが起きやすい。

親や、パートナーや恋人など、その人にとってのアタッチメント対象あるいは依存対象が不在であることに対するつらさをめぐるエピソードが出てくることで分離不安の高さが推測されることも多い。たとえば、パートナーが仕事で帰りが遅くなることが多いことに対する強い不満が繰り返し語られるなどである。この型の人は頼れる相手だと判断すると急速に接近してきて、しがみつく一方で、拒絶されることに敏感で傷つきやすく、自分が拒絶されたと感じると関係を切ってしまいがちである。

治療者がとらわれ型の人の依存にこたえようとはりきったり、また、受け身的な姿勢で依存にこたえつづけていたりすると、治療者のずぶとさやふところの深さにもよるが、しばらくして、依存を重く感じたり、苛立ちを感じたりすることが起きてくる場合がある。この型の人は、治療者の中に生まれたそういう否定的な感情をわずかでも察知すると、拒否された、見捨てられたと感じて傷つきやすい。したがって、とらわれ型の人が近づいてきた時に、適切な距離を意識して保ち、一貫性のある姿勢を保つことが必要である。この型の人の性急な質問や要求にすべてこたえようとするのではなく、真剣に耳を傾ける姿勢を維持し、ほどほどの距離を維持するようにする。ただ、この型の人がアタッチメント対象を一気にすべて失ったり、かなり強いストレスにさらされたりして、アタッチメント欲求がかなり高い水準にあり、分離不安が強くなっている場合には、可能であれば、面接の頻度を増やすなど、接触の可能性を拡げることも有効である。

最初からこの型の人の依存をやっかいだと感じ、逃げたくなる場合には、その人の接近の勢いをゆるめるため、少し物わかりが悪い聞き手になって、ゆっくり話を聞く、要求に対してできることとできないことを明確に伝えるなど工夫が必要である。

とらわれ型の人は、自信がなく対象との境界が薄いため治療者の言葉を被害的に歪曲して受け取り、傷ついて沈んだりむくれたり怒ったりと気分が変化することが多い。そのような気分の浮き沈みを感じ取りつつもそれにまきこまれず、気分の変化の背後にあるものをアセスメントする作業を怠らず、中立性を保った一貫した態度でかかわることが必要である。そのためには、治療者の中の感情状態が熱くなりすぎたり冷たくなりすぎたりしていないかということに注意を向けつづけることが必要である。

3　恐れ型

次に、恐れ型のアタッチメント・スタイルの人の特徴は、不安や恐れが高いことと、今までの対人関係の中で傷ついた経験を持っていることである。恐れ型の人の親密さへの欲求はさまざまであり、それによって、近づきにくい感じがあるかどうかもさまざまである。いずれにしても、内心の不安や恐れから肝心の問題について多くを語ろうとしないため、初めはわかりにくい人と感じられたり、治療に対して抵抗していると感じられたりすることもある。何となく治療者の様子をうかがうような、吟味するような姿勢が感じられた場合には、その背後に怒りがあるのか恐れがあるのかを感じ取り、怒りがあれば、怒り-拒否型、恐れがあれば、恐れ型であると判断する。また、巧みに恐れを防衛している人は、一見、親しみやすく、近づきやすいかのような印象を与えることもある。人生経験の中で傷ついた経験が少ない治療者は、そのような防衛の背後の恐れに対して鈍感になりがちである。他者の恐れに対する敏感さは、体験学習を重ねる中で身につけてゆくしかないだろう。

恐れ型の人に対しては、第一に恐れを感じなくてすむような安全な関係を作ることが必要である。そのためには、ゆっくり近づいていく必要がある。恐れ型の人はアタッチメント欲求が高まった時、すなわち人に頼りたい気持ちが出てきた時に裏切られたり拒絶されたりした経験があるため、接近に対する恐れを持っているからである。傷つきの度合いが強い人は、アタッチメント欲求そのものを恐れ、意識的に抑制したり無意識的に抑圧したりしていることもある。したがって、恐れ型の人に急速に近づくと、アタッチメント欲求そのものへの恐れが出てきて関係から撤退してしまうこともある。また、傷つけられた時の体験がよみがえることで攻撃性を刺激することもある。時に、その攻撃性は、投影性同一化によって治療者に投げ込まれ、治療者が攻撃者を再演してしまうこともある。治療者は逆転移に注意を払いつつ、慎重に、少しずつ、柔らかく、やや支持的な態度で関係を作っていく必要がある。

この型の人は、安心してリラックスしてくると自分が抱えている問題、また、傷ついた経験を語りはじめる。そこまで来れば、ゆっくりと信頼関係を築いていく過程を歩みはじめたといえるだろう。

4　引っ込み型

次に引っ込み型のアタッチメント・スタイルの人の特徴は、人とのかかわりから引っ込みがちであるということ以外は、安定型のアタッチメント・スタイルに近く、他者への不信感、分離不安、人間関係へのとらわれ、攻撃性のいずれも低い。引っ込み型と安定型を見分けるには、心をうちあけて相談する人が誰か、その人とは一カ月に一度以上、個人的に会ったり電話したりメールしたりして接触しているか、どの程度何を話すのか、という質問をする。引っ込み型の場合、相談する人がいても一カ月に一度より少ない頻度しか個人的な接触がなかったり、相談するといっても事実を話しているだけで気持ちをうちあけてはいなかったりして、安定したアタッチメント対象とはいえないことが多い。さらに、引っ込み型の人は、人と親しくなることが難しく、助けを求めることが苦手で、実際に助けを求める行動をほとんどしない。引っ込み型の人も、恐れ型の人同様、最初はわかりにくい人という印象を与えることが多いが、その距離感の背後に、怒りも恐れも感じられず、どこか自足している感覚が感じられる。引っ込み型の人の特徴は、人とかかわることへの欲求が少なく、関係が継続しても依存的にならず、一定以上の距離を治療者と保つところである。

この引っ込み型の人は、怒り－拒否型の人同様、人間関係から距離を取ろうとする回避的なスタイルだが、攻撃性が低いので、怒り－拒否型のような治療者の陰性逆転移は生じにくい。しかし、一見、治療関係が順調に形成されているように見えつつ、自信ゆえに人に助けを求めようとしない姿勢があるため、関係がなかなか深まらないことがある。この深まらなさをこの型の人の中核的な問題である「人と親しくなることの難しさ」として理解し、根気よく粘り強く関係を作りつづける姿勢が治療者に求められる。

5　二重型

次に二重に評定される型だが、筆者が何らかの形で評定にかかわった、日本における一八〇例あまりのＡＳＩ面接の中で、恐れ型と怒り－拒否型の並存、および恐れ型ととらわれ型の並存のみがみられた。二重型の人は、この二つの型のいずれにおいても、安定した関係を治療者との間に築くまでに時間がかかることが多い。

まず、恐れ型と怒り－拒否型が並存している二重型の人の特徴は、他者に傷つけられた経験があり、それに対する怒りを強く感じていること、他者は自分を傷つけるものであるという確信を持ち、不信感と恐れが高く、対人緊張、他者への警戒感が高いということである。この型の人に対しては、治療者がその怒りや不信感などに正面から向き合おうとすると、無力感や怒りの逆転移感情を生じやすい。その人の怒り、不信感を風呂敷にくるむようなやわらかい心持ちで受けとめ、そっと棚上げして、現実的な適応をめぐる支持的なかかわりをする中で関係を慎重に形成していく。この型の人は治療者との信頼関係がある程度形成されると、怒りや不信感の大きな源流の一つである傷つけられた体験を語りはじめることが多い。また、この型の人は怒りと不信感を治療者に投影して関係を切ろうとする行動がよくみられるが、これに対して治療者が無力感や怒りなどの逆転移感情から関係をそのまま終結することなく、関係の継続を働きかけていくことが必要である。

次に、恐れ型ととらわれ型が並存している二重型の人の特徴は、自信がなく、依存したい気持ちが強いが、人から傷つけられた経験があるために、他者に対する恐れと緊張が高く、しがみつきたいのにしがみつけない、という両価性である。この型の人は、とらわれ型の人同様、治療者の中にかかわりへの衝動あるいはかかわりから逃げたくなる気持ちなどの逆転移感情が生じやすい。とらわれ型の人と、この恐れ型が並存している無秩序型の人との違いは、人に助けを求めることへのためらいや恐れである。この型の人は、見捨てられ不安が高く、治療者からのかかわりを歪曲して認知しがちであり、自己評価の低さから、おびえたり、叱られた子どものように萎縮したりする態度を示すことがある。それに対して、治療者が励ます姿勢でかかわると、いっそうおびえて、治療者と人との間に、サド－マゾヒスティックな関係が再演されることがある。この型の人とかかわる際には、治療者の多様な逆転移感情に留意しつつ、一定の距離を保ち、一貫した、冷静な、穏やかな態度で関係を築いていく必要がある。

以上、アタッチメントの視点から、アタッチメントの内的作業モデルの安定性の程度やアタッチメント・スタイルを見立てることが心理療法の初期においてどのような役割を果たすかについて見てきた。

心理療法の初期にアセスメントをするべき事柄は、もちろんアタッチメントだけではない。マックウィリアムズ[18]が記述したアセスメントの枠組みである、個人史、生得的な要因、発達、防衛、同一化、感情、関係のパターン、セルフエスティームのアセスメントも、クライエントのパーソナリティおよび治療関係の見立てにとって重要である。マックウィリアムズは、アタッチメントを発達の中の一部のトピックスとして取り上げているが、アタッチメントを発達の固着と区別するべきであるというボウルビィの議論を紹介するにとどまっている。しかし、アタッチメント・システムは、1章に述べたように、防衛や感情や関係のパターンやセルフエスティームともかかわっている。さらに、アセスメントを可能にする関係を作るためには、まずアタッチメント関係の構築が必要なのである。

次に、心理療法の過程および終結について、アタッチメントの視点から見ていこう。

文　献

（1）青木豊「アタッチメント障害の診断と治療」（庄司順一・奥山眞紀子・久保田まり編著）『アタッチメント――子ども虐待・トラウマ・対象喪失・社会的養護をめぐって――』明石書店、東京、一二二―一四二頁、二〇〇八年
（2）奥山眞紀子「アタッチメント対象の喪失」（庄司順一・奥山眞紀子・久保田まり編著）『アタッチメント――子ども虐待・トラウマ・対象喪失・社会的養護をめぐって――』明石書店、東京、一七七―一九三頁、二〇〇八年
（3）藤岡孝志『愛着臨床と子ども虐待』ミネルヴァ書房、京都、二〇〇八年
（4）佐治守夫『カウンセリング入門』国土社、東京、四七―五四頁、一九六六年
（5）Bifulco, A., Lillie, A., Ball, B. & Moran, P. 1998. *Attachment Style Interview* (ASI): *Training manual.* Royal Holloway, University of London, London.
（6）American Psychiatric Association. 2000. *Diagnostic and Statistical Manual of Mental Disorders-Fourth edition.*（高橋三郎・染矢俊幸・大野裕訳『ＤＳＭ－Ⅳ－ＴＲ　精神疾患の診断・統計マニュアル』医学書院、東京、二〇〇三年）
（7）水谷修『夜回り先生』サンクチュアリ出版、東京、二〇〇四年
（8）水谷修『夜回り先生と夜眠れない子どもたち』サンクチュアリ出版、東京、二〇〇五年

（9）水谷修『夜回り先生の卒業証書』日本評論社、東京、二〇〇六年
（10）前掲書8、一六〇―一七〇頁
（11）Hesse, E. 1999. The Adult Attachment Interview: Historical and Current Perspection. In Cassidhy, J. & Shaver, P.R. eds. *Handbook of Attachment Theory and Research*. Guilford, New York. pp.425-426.
（12）Brisch, K.H. 2002. *Treating Attachment Disorders: From Theory to Therapy*. Guilford Press, New York.（数井みゆき・遠藤利彦・北川恵監訳『アタッチメント障害とその治療――理論から実践へ――』誠信書房、東京、二〇〇八年）邦訳二〇八―二一四頁
（13）Brisch, K.H. Personal communication. 2008.
（14）Prior, V. & Glaser, D. 2006. *Understanding Attachment and Attachment Disorders*. The Royal College of Psychiatrists, London.（加藤和生監訳『愛着と愛着障害――理論と証拠にもとづいた理解・臨床・介入のためのガイドブック――』北大路書房、京都、二〇〇八年）邦訳二八四頁
（15）北山修「国際的視野から見た日本の精神分析――その二重性と柔軟性――」精神分析研究四八巻（増刊号）、九四―一〇一頁、二〇〇四年
（16）戸塚悌子、Personal communication, 2009.
（17）林もも子「アタッチメントと思春期臨床」（鍋田恭孝編）『思春期臨床の考え方・すすめ方――新たなる視点・新たなるアプローチ――』金剛出版、東京、二〇〇七年、三六―五二頁
（18）McWilliams, N. 1999. *Psychoanalytic Case Formulation*. Guilford Press, New York.（成田善弘監訳『ケースの見方・考え方――精神分析的ケースフォーミュレーション――』創元社、大阪、二〇〇六年）

第6章　心理療法の過程と終結におけるアタッチメント

心理療法の過程でクライエントに生じる変化は、治療者の理論や技法、治療の場、クライエントにより極めて多様であり、アタッチメントの内的作業モデルの変化はその一部である。また、心理療法をどのような形で閉じるべきか、ということについても、理論により多様な考え方がある。ここでは、アタッチメントという視点から、そして筆者の知識と経験の範囲の中で、思春期の青少年の治療の過程で生じること、そして、治療の終結において生じることについて考えたい。

乳児期から小児期までの子どものアタッチメントの内的作業モデルを不安定なものから安定的なものへと変化させるために、その子どものアタッチメント対象である人（多くの場合は養育者）と子ども自身の双方に対する介入のさまざまな工夫が開発されている[1・2]。

しかし、ロジャーズが治療的な人格変化が生じる条件を論じた時に、「心理療法は日常生活に生じるその他の関係とは異なる特殊な種類の関係であるとは言っていない」[3]と書いたのと同様に、筆者は思春期以降の人のアタッチメントの内的作業モデルが安定化するために何か特別な技法を必要とするとは考えていない。すなわち、安定的なアタッチメントの内的作業モデルを持つ養育者に育てられた子どもが自然に安定的なアタッチメント関係を養育者との間で築き、ほぼ安定した環境に恵まれれば、安定的なアタッチメントの内的作業モデルを築いていくのと同様に、治療者が自分の安定的なアタッチメントの内的作業モデルを保持しつつ安定的なアタッチメント関係をクライエントとの間で築くことに成功すれば、クライエントの内的作業モデルは安定的なものになっていくと考える。

ただ、これもロジャーズが治療者の基本的な態度として述べた三条件である、受容、共感、真実であることが「言うは易く行うは難い」のと同様に、不安定なアタッチメントの内的作業モデルを持つクライエントとの間で自らのアタッチメントの安定的な内的作業モデルを安定的なままに保つことや、安定的なアタッチメント関係を築いていくことは、時に極めて困難で訓練を要するものであると考える。

1　治療過程におけるアタッチメント

治療者は、治療同盟を結ぶ時点で、クライエントにとって「ある程度」安定的なアタッチメント対象となる。安定的なアタッチメント関係の特質である、信頼（治療者個人および治療の場に対する信頼）、接近、すなわち自己開示（の意志）、近接の維持、安心（心理的な安全感）を基礎として、治療目標の共有があり、治療契約が成立する。クライエントが治療関係を継続する行動は、治療者に対する近接を維持しようとするアタッチメント行動としての側面を持っている。そして、「ある程度」安定的と述べたのは、クライエントは不安定なアタッチメントの内的作業モデルを持っていることが多いので、非常に安定的なアタッチメント関係を結ぶことはほとんどなく、ある程度の不安定さを持ちつつも、治療者が多少は信頼できる、治療者に少しは自分のことを話してもいいと思う、などのアタッチメント関係ができることによって、治療同盟が結ばれることが多いからである。ただ、これも1章の繰り返しになるが、安定的なアタッチメント関係は愛情があるということではない。治療者を信頼することは治療者を好きになることではない。

極めて不安定なアタッチメントの内的作業モデルを持つクライエントの場合（5章表6のⅥ、一二九頁）には、この治療同盟の確立への道程が極めて困難であり、適応の改善に加えてある程度の安定的なアタッチメント関係を作ること自体が治療目標となる。

いったん治療契約が成立し、治療が始まった後の過程においては、治療者がよって立つ治療理論によって、治療者がアタッチメント対象となることの位置付けや重みは異なる。

たとえば、精神分析的精神療法において、内的探索過程である自由連想がはじまり、転移関係が育ってくると、転移関係においては、むしろ不安定型であった養育者とのアタッチメント関係や競争関係など安定的なアタッチメント関係とは異なる関係性が治療関係の中に再現されることが多い。したがって、安定的なアタッチメント関係は、治療同盟としていったん確立した後は背景に退き、いわば転移という劇が演じられる舞台そのものとなる。[4] 治療者はむしろ、転移という劇の演出家となったり、出演者となったりする。

一九五四年から一九八二年の長きにわたり四二例の症例を対象に行われたメニンガー財団精神療法研究プロジェクトでは、「精神分析的精神療法」を適用した二四例の患者の中で治療終結時に顕著な改善を見出した一〇例はすべて主として「支持的な精神療法」だった。[5] ちなみに分析可能として残った九例の「精神分析」のうち、成功したものは四例である。この研究では、「精神分析」を「退行転移神経症の確立を通して作用し、その根本的な解決が解釈によってもたらされ、解釈は洞察と統合をもたらす」と定義している。そして、「精神分析的精神療法は、表出的な（expressive）精神療法と支持的な（supportive）精神療法に区別される。表出的精神療法の治療機序は精神分析と基本的に同じであるが、その程度において差がある。支持的精神療法は、さまざまな支持的機序（転移性治癒、修正感情体験、治療者との同一化、治療状況内での欲求充足など）を通して作用する。言葉を変えれば、精神分析的精神療法は、表出的（分析的）要素と支持的要素がさまざまな割合で混ざったものである」[5]。精神分析の牙城であるメニンガー・クリニックでの研究でありながらこれらの一〇例において転移の解釈が行われず、かつ改善がみられたことは興味深い。ただし、その結果には何らかの限界（治療者への依存や性的葛藤の存続）がみられたとされている。しかし、治療終結後二年の追跡調査期間中、九例において改善を維持またはさらに向上させたことから、治療効果は比較的安定していると考えられている。(5)

支持的精神療法は、アタッチメント理論の視点から見ると、クライエントが日々の生活の中で、心理的な安全感が脅かされるような危機的な出来事に出会った時に、クライエントのアタッチメント・システムの活性化水準の高まりに応じて、治療者が自然に保護システムを起動させて支持的なかかわりをしているものと考えられる。保護システムはアタッチメント・システムに呼応しているので、クライエントのアタッチメント・システムはある程度高い水準で活性化されつづけると考えられる。それが、治療者への依存と記述されているような限界につながったのだろう。

「支持的精神療法においては、治療同盟がしばしば主要な治癒因子となる」(5)と論じられているのは、安定的なアタッチメント関係が支持的精神療法において中核的な役割を果たしていることを意味していると考えられる。そして、精神分析や表出的精神療法（精神分析的精神療法）においては、安定的なアタッチメント関係は初期においてのみ重要な役割を果たし、治癒因子としては解釈による洞察が中心的なものとなる。

一方、ユング派の箱庭療法における治療者は、「自由で保護された場」(6)を提供しつづける護り手として一定の重みを持ってアタッチメント対象として存在しつづけるだろう。同じユング派の中でも、夢分析など言語を主な媒介として用いる治療者の場合には、精神分析的精神療法の治療者同様に、アタッチメント対象としての治療者は前面には出てこないかもしれない。

クライエント中心療法の創始者ロジャーズが治療的風土として心理的に安全な場であることを強調した中には、治療者が安定的なアタッチメント対象として存在することが含まれると考えられる。しかし、精神分析的精神療法と同様に、いったん内的な探索過程が始まると、アタッチメント関係は後景に退く。内的な探索過程における治療者の役割は、クライエントの体験する世界が、より防衛的でない、あるがままのものに向かって拡大していくことへの、「自己一致」に向かう歩みに同道することである。しかし、精神分析的精神療法と異なるのは、クライエント中心療法の治療者は、クライエントに対してできる限り透明であろうとし、クライエントを大切にして、自分を出さない（impersonal）、安全な（secure）関係性を作ることで転移が自然に早期に解消すると考えることである。(7) ロジャーズは、クライエントは「自分が他人に対して抱いている態度と他人の属性であると考えていた特質は自分自身の認知に存在するものであり、自分の態度の対象の中にあるものではないということを実感するにいたる」という。(8)

しかし、クライエントの不安定なアタッチメントの内的作業モデルによって、不安定なアタッチメント関係が治療関係に転移される事態は避けがたいことが多いと思われる。特に、たとえば境界性パーソナリティ障害の人のように、投影性同一視などの原初的な防衛機制を用いるクライエントの場合にはクライエントの自他の境界が曖昧なので、カウンセラーが自分の境界を守って踏みとどまっていても、転移関係が発展していくことが多い。不安定なアタッチメント関係の転移が治療関係において生じた時、治療者が自分の安定的な内的作業モデルを保つことが重要になる。この時、治療者が「無意識」や「逆転移」などの概念的な枠組みを使わずに、クライエントとの関係の中で真実でありつづけるためには、クライエントの内的な世界との境界を明確にかつ柔軟に保ちつづけ、自らの体験過程に対して開かれつづける自我の強さが必要だろう。ロジャーズが「状態が深刻で、外部評価的に言えばおそらく精神病だと診断されていただろう」としたクライエントの事例(9)には、カウンセラーがクライエントの投影性同一視にまきこまれることなく、すなわち境界を保って明確化、直面化を続けた結果、クライエントが安心し、投影をひきもどしていく様子がみられる。

しかし、筆者は以前も書いたように(10)クライエントの転移に呼応して治療者が無意識のうちに逆転移を起こしていることもあると考える。無意識の逆転移に自分で気づくことは難しい。治療者自身の夢・錯誤行為・身体化などの無意識からのメッセージによって、あるいは、スーパービジョンなどの場での第三者からの指摘によってようやく気づかされることが多い。錯誤行為として、たとえば、治療者が面接時間を間違って手帳に書き込み、ダブルブッキングする（他のクライエントの予約を同じ時間に入れてしまう）という例がある。また、一日に何人もの人と面接をしている中で特定のクライエントとの面接の時間に限って眠気が襲ってくるという例もある。いずれにしても、無意識の中でクライエントとの境界が薄くなっていることに気づくには多少時間がかかる。安定的な内的作業モデルを保つために意識的にできることには限界がある。そういう意味では、逆転移が生じるような、自分にとって「難しい」クライエントと会っている人は、特に日常生活における安定したアタッチメント関係を大切にすることと、治療者としてのバランスを失いかけた時に指摘してくれる仲間や指導者を持つ必要があるだろう。

このような無意識の水準で逆転移が生じる現象は、クライエント中心療法に限らず、クライエントの体験している心の中の世界に焦点をあてる治療であればどの学派の治療においても生じる可能性がある。そのような場合に、治療同盟を支える片方の柱である治療者の安定的な内的作業モデルが揺さぶられて、治療者の機能が損なわれる可能性がある。従って、アタッチメント対象としての治療者の役割は後景に退いても、治療者のアタッチメントの安定的な内的作業モデルは治療関係においては一貫して重要である。

集団精神療法の中にもさまざまな理論がある。(11) 理論により治療者の機能の仕方は多様であるが、いずれの理論でも共通して重要な機能として、集団成員であるクライエントの心理的な安全を確保する役割がある。グループ過程が、グループ全体の水準、対人的相互作用の水準、個人の内的過程の水準のそれぞれにおいて、心理的な成長に向かって探索システムを活性化させながら心理的な作業をしている時には、治療者はその心理的な作業をコンダクトしたりファシリテートしたりあるいは静かに見守ったりする機能を担う。しかし、グループ全体やグループの一部やメンバーが、攻撃性や性衝動や幼児的な依存欲求を統制しきれないような悪性の退行状態に陥って、安全感がおびやかされる危機的な局面にいたると、治療者は、アタッチメント対象として、場の安全性を確保するべく機能する。

集団は、クローズド・グループの構造、すなわち、固定した成員で営まれる場合、成員同士が安全な場を共有する経験を重ねることができれば、一定の過程を経て凝集性が生まれる。この凝集性が生まれた後の、「われわれ」感を持った集団は、それ自体が集団成員にとってのアタッチメント対象として機能する。すなわち、集団成員の一部が、外傷的な体験の想起や他の成員との相互作用の中で心理的な危機に陥ってアタッチメント欲求が高まると、集団全体が有機体的にまとまって、保護システムを働かせ、危機に面した成員によく耳を傾け、その体験を共感的にうけとめる。そして、集団全体の不安が沈静化すると同時に、集団全体での探索システムの活性化水準が高まる。すなわち、語り合うこと、かかわりあうこと、同時に体験を深く味わうこと、が生じる。一方、クローズド・グループの集団全体がビオン[12]の言う基本仮定集団（Basic Assumption Group）に退行して、依存や理想化や空想への逃避や攻撃性が高まっている状態にある時には、集団はアタッチメント対象として機能することができない。それは、アタッチメント対象が個人の場合にも、その人が自らの衝動性を統制することができないほど自我が退行した状態においては、保護システムがうまく作動せず、安定的なアタッチメント対象として機能できないことと同様である。このように、集団が退行した時には、退行の流れにのみこまれず、解釈や直面化などによって場の安全を確保する治療者の、安定したアタッチメント対象としての役割が再び重要になる。

以上、いくつかの治療理論について、治療者がアタッチメント対象であることの位置付けを見てきた。

2　治療関係における同一化とアタッチメント

どのような治療理論による場合であっても、治療者は治療の過程で一定の時間と空間をクライエントとの間で共有する。これによって、必然的にクライエントと治療者との間には相互同一化が生じる。意識するか否かにかかわらず、ミームが伝わると考えられる。

治療者からクライエントへの同一化は、主に、クライエントの内的・外的な状態を全体として共感的に理解するという形で役割として一時的なものとして生じている。治療者は共感的理解に基づいてクライエントに対して何らかの応答を返す。その応答の内容は治療理論や技法により異なる。

治療者はクライエントを援助するという目的と役割を見失わない限り、クライエントとの間に明確な境界線をひいている。それは、クライエントを自らの私的な欲望の現実的な対象とはしないという境界線である。すなわち、治療者はクライエントをアタッチメント対象とはしないし、「治療者としてよく機能したい」という欲望以外の私的な欲望をクライエントによって満たそうとはしない。もちろん、治療者の心の中でさまざまな欲望がクライエントに向かうことはありえるが、それらを行動化せずに統制できるだけの自我の安定は保とうとする。そのためには、治療者自身が安定的なアタッチメント関係を多少なりとも持っていることが必要であり、言い習わされてきたように、個人的な生活である程度の満足を得ている必要がある。

治療者の中で、クライエントとの境界があいまいである時、治療者の私的な欲望がミームとしてクライエントに伝わることがある。言いかえると、治療者の私的な欲望にクライエントが同一化するように仕向けてしまうのである。たとえば、集団精神療法の治療者で、自分の魅力的な（だと思っている）人柄を賞賛されたいという欲望をクライエントに向け、ファン・クラブのような集団を延々と営みつづけている人は、崇拝ミームによってクライエントをその集団に封じ込めているともいえる。もちろんこれは極端な例であり、大方の、専門家としての責任という倫理性を備えている治療者の場合にはこのようなことは生じない。

クライエントは治療者の言語的・非言語的双方の応答により、ある時は安心して元気になり、ある時ははっとし、ある時はかきみだされたり、落ち込んだり、考えさせられたりする。治療者の応答がもたらすものは、治療者がよく機能している場合には、クライエント中心療法であれば、自由な空間であるかもしれないし、精神分析的精神療法であれば、新たな地層の発見であるかもしれないし、認知行動療法であれば、異なる視野であるかもしれない。一方、治療者がクライエントの世界を共感的に理解することができなかった時、あるいは、逆転移や現実のストレスなどによって機能不全に陥っている時には、治療者の応答は、クライエントの世界を狭く息苦しいものにしたり、人工的な仕掛けにはめこまれるようなものにしたり、脅威を与えたりするかもしれない。

そして、治療者がよく機能しており、クライエントが自らの内的・外的な状況を治療者の応答によって理解したり生産的な方向へと変化させたりする際には、程度はさまざまであっても、なにがしか、クライエントが治療者と同一化し、治療者の応答を取り入れることが生じている。このクライエントの取り入れの過程において、さまざまなミームが治療者からクライエントに伝わっていく。その中には、たとえば、治療者の意識していないしぐさなどの微細なものもあるだろう。治療者の超自我の中の倫理性もあれば、自我機能の中の、観察自我、内省能力、行動力、判断力などもあるだろう。また、人間についての知識や理解もあるだろう。

治療者からクライエントに何が伝わることを意識しているかということは治療のよってたつ理論によって異なる。たとえば、クライエント中心療法の治療者は、クライエントを受け入れ、共感的に理解し、あるがままの自分に開かれた態度を伝えようとするだろう。自我心理学の治療者は観察自我を伝え、メンタライゼーションを重んじる治療者は内省能力を伝え、認知行動療法の治療者は認知と行動の統制方法を伝えようとするだろう。

ただ、どの治療理論であっても治療が成功した時に必ず伝わるものの一つに、アタッチメントの安定的な内的作業モデルのミームがあると考える。それは、成功した治療は、多少なりとも安定的なアタッチメント関係を含むと仮定しているからである。多少なりとも、というのは、ひとつには、5章に述べたように、クライエントの内的作業モデルがもともと極めて不安定なものであった場合、それが非常に安定的なものに変化することは、難しいからである。もうひとつには、治療者が少々不安定なアタッチメントの内的作業モデルを持っていることも多いからである。極めて不安定な内的作業モデルを持つ人は治療者として機能することは難しいと思われるが、いくらかとらわれ型、いくらか怒り－拒否型、いくらか恐れ型、いくらか引っ込み型の治療者は大勢いる。

時には、治療者がパートナーと死別したばかりであるなどのライフ・イベントの影響により、かなり不安定なアタッチメントの内的作業モデルを持って仕事をしている場合もある。治療者は、現実生活の中で安定的なアタッチメント関係に恵まれているに越したことはないが、それが一時的に乏しい状況にあっても、少なくとも治療関係の中で安定的なアタッチメント関係を築くことができれば治療者として機能することはできる。

治療関係における安定的なアタッチメント関係を妨げる治療者の要因の一つに、治療者の自己愛の問題がある。思春期のクライエントは、自我同一性の模索の過程にあり、治療者を同一化対象として理想化することもある。このような時、治療者の側から「親のような気持ちで」クライエントに自らの人生についての価値観を伝えたくなってしまうことがある。また、クライエントが思春期に特に強くなる「惚れこみ」を治療者に向けてくる時には、治療者の賞賛されたい欲望、導き手となりたい欲望が刺激されがちである。これは、自己愛が若干、未熟な治療者にしばしば見られる逆転移であり、クライエントが導かれる立場を受け入れる時は転移性治癒が生じて治療が成功したように見えることもある。しかし、治療者の価値観がクライエント自身やクライエントの身近な人々の価値観とあわないと、治療関係が停滞したり、錯綜したり、中断にいたったりすることもある。治療者が自分の価値観を否定されて自己愛的な傷つきから生じた怒りをクライエントに向ける場合には、治療関係の中の安全基地としての機能が損なわれる。

一方、クライエント中心療法をまじめに学んだばかりの初心の治療者の中に、クライエントの世界だけを尊重し、自分の価値観をクライエントに押し付けることをとんでもない罪悪であるかのように恐れ、緊張し、萎縮し、不自由になっている人を時々みかける。自己愛的になることを神経症的に恐れているのである。思春期のクライエントの中で、内的作業モデルが多少安定している人の場合は、そのような駆け出しの治療者の緊張を誠実さのあらわれとしてほほえましく受け取り、ゆっくりと関係を作るのにつきあってくれることもある。しかし、アタッチメントの内的作業モデルが不安定で不安や恐れや不信感が強いクライエントの場合には、治療者の緊張や萎縮による応答性の低さが不安、恐れ、不信感を強め、治療関係の安全基地としての機能が低下する。クライエントが治療者を頼りなく感じて心細くなったり、緊張して辛くなってしまったり、ばかばかしくなってしまったりするのである。ちなみに、初心者が理論にしばられて不自由になる現象はクライエント中心療法に限らない。

治療者の自己愛が強すぎることも弱すぎることも、治療関係における安定したアタッチメント関係の形成を阻害する。したがって、治療者が独善的にもならず、萎縮もしないでほどほどの自己愛を保って治療者としてよく機能するためには、安全基地でありかつ率直なフィードバックが得られる安定したアタッチメント関係のある仲間やスーパーバイザーを持つことが重要である。治療者グループ、あるいは訓練グループにおけるアタッチメント関係の安定性は、4章において施設におけるスタッフ・グループについて述べたのと同様に、グループの要となる位置に安定したアタッチメント対象となる人物がいるかどうかによって左右されるだろう。

3　治療過程における内的作業モデルの変化

治療が成功した時には、クライエントの内的作業モデルが多少なりとも安定的なものに変化する。クライエントが治療によってどのように変化するかという治癒像、治療目標については、理論により、治療者の人間観によりさまざまな言葉で語られてきた。たとえば、神経症の苦痛を普通の不幸に転じさせる、自己実現、個性化、適応の改善などである。思春期の青少年の治療においては、衝動のコントロールや自我同一性の確立などの治療目標も重要である。

クライエントのアタッチメントの内的作業モデルの治療的な変化は、これらの治療目標をいわば下から支えるものであり、治療過程の中で自然に生じている地味な変化である。しかし、先にも書いたように、クライエントが治療後の人生においてさまざまな危機に出会った時に、他者との関係の中でそれらに対処していく力として、安定的なアタッチメントの内的作業モデルは重要であると考える。また、思春期の青少年は、養育される場から離れて新たな人間関係や環境の中に旅立っていくところにいる。安定的な内的作業モデルは、新たな人間関係や環境のストレスの中で適応していく力となる。さらに、思春期の青少年はアタッチメント対象を求める側からアタッチメント対象となってパートナーや次の世代を支える側への移行期にいる。青少年が成人となって安定したアタッチメント対象となるためにも、安定的な内的作業モデルを自分の中の優勢なミームとして獲得することが重要である。

1　不信感

アタッチメントの内的作業モデルの治療的な変化として、第一に、他者に対する不信感が低くなることがある。信頼感はアタッチメントの内的作業モデルの中核的な要素であると同時にあらゆる治療関係において重要な要素である。安定的なアタッチメント関係の体験とは繰り返しになるが、以下のような体験である。クライエントのアタッチメント・システムの活性化水準が高まった時に、アタッチメント対象である治療者に接近する。すなわち直接会って自己開示、すなわち自分についての内的・外的な情報を伝える。そして、アタッチメント対象（治療者）が保護システムを活性化させ、情緒的に共感的な応答をし、その結果、クライエントが安心してアタッチメントの活性化水準が下がる。

治療過程の中では、さまざまな治療者とクライエントの相互作用が生じるが、クライエントの信頼感が醸成されるのは、その相互作用の基盤として、この安定的なアタッチメント関係を体験した時である。そして、信頼感の醸成は、この相互作用の体験の積み重ねによって徐々にできていく。

しかし、クライエントの内的作業モデルの不安定性の程度が高い時には、当然、はじめから上記のような安定的なアタッチメント関係が生じることはない。クライエントは、アタッチメント・システムの活性化水準が高まっても、アタッチメント対象に接近しようとしないことも多い。すなわち、近づくことへのためらい、恐れ、嫌悪などの「親しくなることへの妨げ」が、治療抵抗の行動として表れる。もっとも明確な抵抗は、治療を休む、遅刻するなどの行動として表れる。また、もう少しあいまいな抵抗として、クライエントは治療の場に現れても、沈黙したり、表面的な話で自己開示を回避したり、攻撃的な言動で治療者を挑発したりするかもしれない。他にもさまざまな抵抗の様相がある。いずれにせよ、クライエントからの適切な接近がない時に、治療者の内的作業モデルが安定的であれば、治療者の方からクライエントに接近し、近接を維持する。すなわち、問いかけたり、気持をおしはかって言葉にしてみたり、抵抗解釈をしたりする。言葉で直接かかわりあうことへのためらいや恐れが強いクライエントに対して、言語以外の表現手段として箱庭療法、絵画療法などを提案したりすることもある。また、たとえば非行少年を対象とする活動グループのように、スポーツや工作などの攻撃性を発散しながらかかわりあう活動を導入することも治療的な接近の一つである[13・14]。活動グループの中には、チャム関係に対して不安や恐れを持つ子どもたちが多いフリースクールなどで行われている料理やレクリエーションなど、内面的なかかわりではなく行動を共にすることでかかわりを作っていくギャング・エイジ・グループ的な方法もある。いずれにしても、クライエントのアタッチメントの不安定性の特徴に応じてほどよい距離でクライエントのそばにいることが信頼感の醸成のために必要である。

このほどよい距離での近接の維持について、ブリッシュ[15]は、アタッチメント障害のクライエントの治療において、面接の間隔を相手のアタッチメントの内的作業モデルのタイプにより柔軟に治療関係における距離を調節した事例を紹介している。すなわち、距離が遠い方が安心でき、自己統制を重んじる怒り－拒否型のクライエントに対して、治療の初期に、あえて定期的な面接を約束せず、向こうからの連絡を待つ形を取っている。それによって、クライエントは少しずつ治療者に近づき、安定的なアタッチメント関係を作ることができた。また、一方で、これは入院治療などではしばしば行われてきたことだが、依存欲求と分離不安が高い状態にあるとらわれ型のクライエントに対しては、かなり面接の頻度を高くしている。治療構造の中の面接の頻度については学派によって考え方に違いがある。アタッチメントの視点から考えると、アタッチメント障害に限らず、クライエントの内的作業モデルの不安定性の程度と質に応じて、ある程度の柔軟性を持った構造が望ましい。

そして、クライエントの内的作業モデルが不安定である時には、自己の内的・外的な情報を伝えようとしない、すなわち防衛的な態度や行動を取ることも多い。その場合にも、治療者は、保護システムを自ら活性化させて、共感的な理解と応答によってクライエントに利用可能（available）であろうとする。治療者の内的作業モデルの安定性がもっとも問われるのは、この局面においてである。すなわち、クライエントから治療者をアタッチメント対象として接近してくることがない、いや、それどころか逆に攻撃や激しい依存などの急激な接近をしてくる時に、治療者は、アタッチメント対象としての役割を果たし、保護システムを活性化させつづける必要がある。そのためには、クライエントのさまざまな否定的な対人関係の経験から生じた、アタッチメント行動を妨げる回避・攻撃・依存などの行動の背後に、安定的なアタッチメント関係を必要としているクライエントの姿を見定める必要がある。見えないものを見定めるための基盤として、治療者自身の中に安定的なアタッチメントの内的な作業モデルが必要なのである。

同時に、このようなクライエントの内的作業モデルの不安定さはどこから来ているのか、クライエントの内外に何が起きてアタッチメント行動が妨げられているのかということを、さまざまな情報から理解していく治療者の営みは、探索システムを機能させる営みである。探索システムがよく機能するためにも、治療者はある程度の内的作業モデルの安定性を必要とする。

先にも述べたように、治療者は常に内的な作業モデルが安定的な状態にあるわけではなく、時にはライフ・イベントなどのストレスによって不安定な状態になることがある。そういう時には、クライエントに対するわけのわからない見えにくさや視野の揺れを感じたり、共感しづらいと感じたりするだろう。逆にクライエントの世界に同化し、のみこまれそうに感じるかもしれない。すなわち、治療者として機能不全に陥っているのである。機能不全の程度が明らかに大きい場合には治療を休むことも必要である。しかし、治療者が休むことは、安全基地としてのアタッチメント関係の一貫性、連続性を損なうのでできるだけ避けたいところである。たいていの場合、治療者は、現実生活のストレスを抱えながらもがんばって治療の場にのぞむ。

だが、治療の場に身を置いてから、自分が治療者として十分に機能できないことを発見する場合もある。このような時には、探索システムが機能することは期待できないので、あまり積極的に介入せず、できる限り共感的に理解する少々受け身の姿勢に徹することが無難である。治療者が内的に不安定な状態で無理に応答的になろうとすると、不正確な理解に基づく応答によって治療関係における信頼感が低くなったり、共感性の欠如した応答によって安全性を損なってしまったり、クライエントの揺れに共振して揺れ幅を大きくしてしまったりする危険があるからである。

もちろん、治療者の内的な作業モデルが安定的であっても、クライエントの内的・外的な世界を完全に正確に理解することはできないし、共感に失敗することもある。言うまでもないことだが、空気や水が多くの不純物を含みつつ人間の健康を支えているように、信頼に値する人間関係というのは、完璧にではなくほぼ安定したアタッチメント関係である。

2　拒絶されることへの恐れ

アタッチメントの内的作業モデルの治療的変化の一つとして、拒絶されることへの恐れが高かった人はそれが少し低くなるということがある。不信感が治療者との安定的なアタッチメント関係の体験の中で変化していくのに対して、この拒絶されることへの恐れは、治療者との安定的なアタッチメント関係ができるだけでは低くならない。拒絶され、傷ついた体験を治療者との安全なアタッチメント関係の中でふりかえり、さまざまな角度から吟味し理解する営みの中で、傷ついて無力な自分から、主体的に弱さと向き合える力を備えた自分に変化していくことが必要である。

主体的な、そして力を備えた自分の体験は、治療理論や技法により多様な形で生じるだろう。たとえば、自分を拒絶した人の背景やパーソナリティを等身大に近い形で理解することによって恐れの気持ちから距離を取ることができるようになるという形で生じることもある。拒絶されたのは自分が悪かったからだという認知が、自分が悪かったわけではないという認知に変化することもある。象徴的に、傷つけられた弱い自分が死に、新たな可能性を持った自分が生まれ出る過程をイメージとして体験することで、自己のありようが変化していく場合もある。

この他にもさまざまな場合があるだろうと思われるが、いずれの場合にも、治療者の役割は、アタッチメント対象としての治療者が安全基地として機能することだけでは不十分である。それに加えて、クライエント自身が脅えて正視しがたい体験に対して、動揺したとしてもひるまずにそれを直視したり探索したりする治療者の態度がクライエントに実感として伝わることが必要である。クライエントはそのような治療者の態度に同一化しつつ、また、治療者を安全基地としつつ、「拒絶されることへの恐れ」に取り組み、乗り越えていく。

ただ、クライエントが治療者とともに、今まで抑圧したり否認したり合理化したりして避けていた傷つけられた体験と直接向き合いはじめた時に、改めて拒絶されたことの悲しみや怒りなどの感情がわきあがり、想起された否定的な関係が治療者との関係の中になだれこむように再現されることがある。また、一方で、依存的に退行することもある。

そのように転移が強まった局面においては、再び、治療者自身のアタッチメントの内的作業モデルの安定性が重要になる。この過程で治療者の中の未解決の心の傷が刺激された時は、必然的に治療者の中の不安定な内的作業モデルが活性化される。治療者の中の不安定な内的作業モデルが安定的な内的作業モデルを凌駕する場合には、陰性の逆転移が生じたり、陽性の逆転移によってクライエントの依存を助長したりする。

治療者の抱えている心の傷がさほど大きいものでなかったり、かなり解決ができていて未解決の部分が小さかったりする場合には、治療者が自分で、あるいはスーパーバイザーや仲間の指摘で、逆転移が生じていることに気づくことも多い。その場合には、クライエントとの境界をひきなおして、クライエントとの間で安定的なアタッチメント関係を回復することができる。

しかし、治療者の中の心の傷がかなり大きく、今まで巧みに防衛していただけであったという場合や、未解決の部分が相当大きい場合には、安定的な内的作業モデルを再活性化させることが難しいくらいに不安定な内的作業モデルが強く活性化されることもある。それによって治療関係が行き詰まったり葛藤的になったりした場合には、治療者自身が治療を受けることが役に立つことがある。治療を受けることは、時間もお金もエネルギーもかかるが、トレーニングとして、治療者としての成長のチャンスになりうる。

治療が進み、クライエントの拒絶されることへの恐れが少し低くなってくると、現実の世界における他者との関係が変化することが多い。クライエントは、現実の世界の中で過去の恐れを投影して恐れていた周囲の人々から投影をひきあげ、周囲の人々とより積極的にかかわりを持つようになる。この時期に、再び少しでも周囲の人から傷つけられる体験があると、一気に恐れが再燃することがある。このような時、治療者が安定的なアタッチメント対象となっていれば、文字通り、クライエントの安全基地として、傷ついたクライエントを保護し、一時的に休息させ、安心させて再び現実の世界へと送り出す機能を果たすことができる。

3　自己信頼

治療的変化として必ずと言っていいほど生じるものの一つに、自己信頼の増大がある。自己信頼は、2章でも述べたが、アタッチメントの文脈よりも広い自己評価や自立性を含む概念であり、アタッチメントの内的作業モデルの中に含まれる自己信頼はその一部である。クライエントの自己評価にせよ自立性にせよ、自己信頼はアタッチメント関係の文脈のみで変化するわけではない。クライエントの自己認知が変化したり、自己概念の歪みが修正されたり、幼児的な万能感が縮小したり、自己愛が健康なものになったり、自我同一性が確立していったりなど、自己にかかわるさまざまな変化が自己信頼の変化にかかわっている。ちなみに、誇大的な自己愛や幼児的な万能感は自己信頼の低さ、卑小感や無力感の裏返しであるから、自己信頼が増大することによって健康な自己愛に変化したり万能感が縮小したりする。

自己概念や自己愛や自我同一性の変化をもたらすのは、治療者との安定したアタッチメント関係から出発しつつ、治療者とクライエントの双方の探索システムを働かせつつ、クライエントの内的・外的世界にかかわっていく治療過程の全体である。

アタッチメントの内的作業モデルの文脈に限定した自己評価の増大は、他者に対する不信感の減少と連動して生じる、自分は他者から保護されるだけの価値のある存在であるという信念や感覚の増大である。裏を返すと、アタッチメント行動を妨げるような自己に関する否定的な自己評価（信念、概念、表象）が減少する。アタッチメント行動を妨げる自己評価とは「自分はどうせ他者から関心を向けてもらえない」「他者から保護されない」「他者から拒絶される」「他者から攻撃される」などの自己評価である。治療者との安定的なアタッチメント関係の積み重ねがこれらの否定的な自己評価を少しずつ減少させていく。同時に治療の中で他者に対する信頼感が少しずつ増大すると、現実の中でも他者との関係が変化し、他者から関心を向けられたり保護されたりすることによっても自己信頼が増大していく。

一方、バーソロミュー(16)やビフィルコら(17)は、自己信頼の低さを依存性の高さとして、自己信頼を他者との関係における自立性－依存性の軸に重ねた。治療が成功すると、依存性が高すぎた人は自立的に、孤立していた人は健康な依存ができる方向に変化する。これをアタッチメント関係の文脈で見ると、アタッチメント欲求を過度に表出していた人は少し少なく、抑圧していた人は少し表出できる方向に変化するということである。これも他者への信頼感にかかわる変化である。他者を信頼できるようになると、アタッチメント欲求に対して防衛的になる必要が少なくなる。抑圧する必要も、不安から過剰に出し過ぎる必要もなくなり、素直に出せるようになっていくのである。

アタッチメント関係の文脈における自己信頼がほどほどに確立することは、青少年が安定したアタッチメント対象となる準備として重要である。また、準備は十分でないながら、恋人ができたり、集団の中で後輩に対して指導的な立場に立ったりして、アタッチメント対象の立場を経験せざるをえなくなり、アタッチメント対象として機能する経験の積み重ねることが自己信頼を増大させていくこともある。一方、アタッチメント対象として機能することに失敗した経験は自己信頼を低くする。現実生活の中でさまざまな出来事にもまれ、揺られながら少しずつ自己信頼が育っていくのを見守ったり時に支えたりするのも思春期の青少年の治療者の役割の一つである。

一方、思春期のクライエントの自立の課題は大きく幅広いものであり、治療関係の中でどこまで自立することを目標とするかは、クライエントの状況や自我の強さなどによって異なる。たとえば、養育者のクライエントに対する特定の領域での達成の期待が相当強いものである場合に、クライエントが養育者に対するアタッチメント欲求をある程度抑圧しつづける必要があるかもしれない。最近はかなり減ったが、家業をつぐために厳しい修行をさせられている青少年は、親に対して絶対に服従する態度を要求される文化の中にいるかもしれない。また、クライエントの自我の力が弱く、不安が低くなるのに何年もかかるかもしれない。治療者のクライエントの内外の状況全体に対するアセスメントの力が問われるところである。

4　親密さ

アタッチメントの内的作業モデルの治療的な変化として、他者と適度に親密な関係を持てる方向に変化するということがある。

内的作業モデルが不安定で怒り－拒否型や引っ込み型、すなわち回避型の人は他者との親密な関係を回避し、アタッチメント・システムの活性化水準が高くなった時にもその回避がアタッチメント対象への接近を妨げる。この型の人は、治療が進むと、他者に対する不信感が少し低くなり、必要に応じてアタッチメント対象に接近することができるようになると同時に、他者との親密な関係を時には快適に感じることが出てくる。印象としては固く冷たく遠かった人が少し柔らかく温かく近くなる。

一方、内的作業モデルが不安定でとらわれ型、すなわち不安型の人は、他者との親密な関係にしがみつき、分離不安が高く、近接を過剰に維持しようとしてアタッチメント対象に依存し、アタッチメント対象がそれを負担に感じて保護システムの適切な起動が妨げられることがある。この型の人は、治療が進むと、他者に対する依存が少し低くなり、アタッチメント対象に対して適度に依存することができるようになる。印象としては、熱くのしかかってきたりすねたりしていた人が少し冷めてしっかりしたり落ち着いたりする。

内的作業モデルが恐れ型の人は、先に述べたように、拒絶されることへの恐れが減少すると、他者との親密な関係への恐れも減少する。印象としてはびくびくして小さくなっていた人が少しくつろいで大きくなる。

回避型と不安型の二つのアタッチメント・スタイルは、ユングのパーソナリティのタイプ論における内向型と外向型が対照的であるのと同様に対照的である。実証的な裏付けがあるわけではないが、治療者とクライエントがそれぞれ別のスタイルである時に、相手に対して否定的な評価をしやすいのではないかと思われる。また、快適に感じる親密さの程度や相手との距離感がかなり異なるため、治療者は自分と同じスタイルのクライエントの場合に比べてこのクライエントは苦手だと感じるかもしれない。このようなスタイルの違いについては、他のパーソナリティ特性や文化の違いと同様に、治療者が意識化してバイアスを減らす努力をする必要があると思われる。

4　心理療法の終結とアタッチメント

心理療法の終結は心理療法の目標のある程度の達成および現実の諸条件の中で訪れる。もっとも望ましい終結は、クライエントと治療者の双方が話し合い、納得し、別れの作業をする終結であろう。しかし、特に思春期の青少年を対象とする治療の場合には、卒業や進学や就職など、人生の節目におけるやむをえない終結も多い。思春期は、自立が中心的な発達課題の一つであるため、やむをえない終結も、きちんと別れる作業ができれば、発達の推進力となる体験になる。終結作業においては、心理療法の過程で獲得した洞察や知見やスキルを確認し、残された課題を確認し、分離に伴う感情を共有する。終結の作業をすることは、治療関係の内在化と自立に向けた心構えを作るという意味があり、内在化されるものの一つに、治療関係の中で築き上げられた安定したアタッチメント関係がある。

ここで、クライエントのアタッチメントの内的作業モデルの安定性の程度から、5章の表6に戻り、終結における治療者の在り方をざっと考えてみよう。表6では、精神的危機において安定的なアタッチメント関係の数が減少してアタッチメントの内的作業モデルが不安定な方向に変化する事態を1➡0のようにあらわした。そこで、ここでは、治療の終結時に成功してアタッチメントの内的作業モデルが安定的な方向に変化した場合を表7にあらわす。

Ⅰから Ⅲの場合はアタッチメントの内的作業モデルがもともと安定していたクライエントで、治療によって、安定したアタッチメント関係を回復した場合である。このような場合には、治療者がアタッチメント対象として内在化されることはあまりなく、その後の人生の中でよほどの大きい環境の変化やストレスに出あわない限り、治療者はクライエントの中でほぼ完全に忘れられていくだろう。

表 7　治療終結時における安定的なアタッチメント関係の数と内的作業モデルの安定性

		アタッチメントの内的作業モデルの安定性		
		安定型	不安定型	
	治療開始時点		少し不安定	極めて不安定
安定的なアタッチメント関係	保持	2以上（Ⅰ）	1（Ⅳ） 2←1（Ⅶ－1）	
	部分的喪失	2以上←1（Ⅱ）	1←0（Ⅴ－1） 2←1（Ⅶ－2）	
	全面的喪失	2以上←0（Ⅲ）	1←0（Ⅴ－2） 2←0（Ⅶ－3）	1←0（Ⅵ） 2←0（Ⅶ－4）

（Ⅰ）から（Ⅶ）は，それぞれの場合の符号．

Ⅳから Ⅵの場合はアタッチメントの内的作業モデルが不安定だったクライエントであり、何らかの危機により不安定性の程度が大きくなっていた内的作業モデルが、少し安定方向に変化した場合である。ここでクライエントの安定的なアタッチメント対象が治療者であるのか、クライエントの現実生活の中の人であるかによって、終結の仕方は異なってくる。

クライエントの安定したアタッチメント対象が治療者である場合には、間隔をあけつつも、フォローアップとしてクライエントと治療者の接触が継続する、あるいは、クライエントが必要を感じたら随時、来談できる構造にしておくなど、開かれたゆるやかな終結が望ましい。特に、内的作業モデルが極めて不安定であった人の場合に、治療者が安定的なアタッチメント対象にやっとなることによっていささかの適応が確保されることが多い。

クライエントの安定したアタッチメント対象が現実生活の中の人である場合には、必要があれば再度接触ができる体制で終結する。また、治療の終結期においては、治療終結後はクライエントのアタッチメント対象は治療者ではなく現実生活の中の人であることを確認し、治療者が用済みになっていく過程が生じることが多い。

Ⅶの場合は、アタッチメントの内的作業モデルが不安定だったクライエントが治療の結果かなり安定的なアタッチメントの内的作業モデルを獲得した場合である。この場合には、やはり必要があれば接触できる構造にしておく必要はあるが、治療者との関係は内的作業モデルの中に組み込まれる形で内在化し、現実には継続しないことが多い。

以上、アタッチメントの視点から終結期における治療者の在り方を概観した。クライエントの現実生活における安定的なアタッチメント関係の程度をアセスメントすることにより、治療者がクライエントとの間のきずなをどの程度意識的に残しておくのか、それともあっさりとフェイドアウトしていくのかという見当をつけることができるだろう。

終結作業において治療関係におけるアタッチメント関係が内在化すると述べたが、思春期のクライエントは、ふとかき消えるように治療の場に現れなくなることも多い。治療の初期の中断は、治療同盟を作り上げることの失敗によることが多いが、5章に書いたように、アタッチメントの内的作業モデルの不安定性が近接を妨げている可能性もあるので、こちらから連絡して、待っている姿勢を伝えておくことが望ましいだろう。一方、治療同盟ができた後の中断の場合、治療者の何らかの失敗による可能性もあるが、アタッチメント対象としての治療者がクライエントの中に内在化されて残りつつ、クライエントの自立の衝動や転移の行動化で中断した可能性も心にとめておくべきだろう。故郷を離れた若者がいつの日か故郷に帰りたいと思うように、思春期に出会った治療者の記憶を保ち、数年、いや、十年以上たってひょっこり会いにくることもある。

一方、思春期に治療者の突然の退職や異動によって治療関係が中断し、連絡先も知らされなかったために傷ついたという経験を語る成人のクライエントもいる。特に、治療者が唯一のアタッチメント対象となっている状況で治療者を喪失することは、クライエントにとっては症状の悪化につながるダメージを与えることもある。事情によっては難しい場合もあるかもしれないが、治療者の都合で治療関係を中断しなくてはならない場合には、できる限り事情を説明し、引き継ぎを丁寧にする努力をするべきだろう。青年期は、抽象的思考能力が飛躍的に発達する時期であり、アタッチメント対象や自らのアタッチメント関係について対象化して考えることができる時期である。[18] したがって、アタッチメント対象であった治療者が別の治療者に交替しても、一定の連続性があれば、相手に応じて調整しつつアタッチメント関係を継続的に築くことが可能な場合も多い。それによってクライエントの心理的な安全を支えるアタッチメント関係の一貫性と連続性を保つことが多少なりともできるだろう。また、治療者が治療の場を移る時にクライエントに連絡先を教えることについてはさまざまな考え方があるだろうが、アタッチメントの視点からは、治療者がいなくなることが、アタッチメント対象から拒絶された経験となることを防ぐために意味があると考える。

先にも書いたが、思春期のクライエントが現実に安定したアタッチメント対象として新たに関係を結んだ人が同年代の人であることが多く、せっかく獲得したと思われた安定的なアタッチメント関係が壊れてしまうこともしばしば生じる。そのような時に寄港する場所として、人として、アタッチメント対象としての治療者は常にクライエントに対して利用可能（available）でありたいと思う。

文　献

（1）数井みゆき・遠藤利彦編『アタッチメントと臨床領域』ミネルヴァ書房、京都、二〇〇七年

（2）庄司順一・奥山眞紀子・久保田まり編著『アタッチメント――子ども虐待・トラウマ・対象喪失・社会的養護をめぐって――』明石書店、東京、二〇〇八年

（3）Rogers, C.R. 1957. The necessary and sufficient conditions of therapeutic personality change. *Journal of Consulting Psychology*, 21:95-103.（『ロジャーズ選集――カウンセラーなら一度は読んでおきたい厳選33論文――（上）』誠信書房、東京、二〇〇一年）邦訳二六五―二八六頁

（4）土居健郎『精神療法と精神分析』金子書房、東京、三三―四三頁、一九六一年

（5）生田憲正「精神分析および精神分析的精神療法の実証研究（その一）――メニンガー財団精神療法研究プロジェクト――」精神分析研究、第四〇巻、一―九頁、一九九六年

（6）岡田康伸「箱庭療法の実際」（河合隼雄・水島恵一・村瀬孝雄編）『臨床心理学体系第9巻　心理療法3』金子書房、東京、三六頁、一九八九年

（7）Rogers, C.R. 1951. *Client-Centered Therapy: Its Current Practice, Implications, and Theory*. Houghton Mifflin Company, Boston.（保坂亨・諸富祥彦・末武康弘共訳『ロジャーズ主要著作集2　クライアント中心療法』岩崎学術出版社、東京、二〇〇五年）邦訳二〇六頁

（8）前掲書7、二一一頁

（9）前掲書7、二〇八―二一一頁

（10）林もも子「クライエント中心療法のできることとできないこと」（鍋田恭孝・福島哲夫編著）『心理療法のできることとできないこと』日本評論社、東京、二九―三〇頁、一九九九年

（11）日本集団精神療法学会監修『集団精神療法の基礎用語』金剛出版、東京、二〇〇三年

（12）Bion, W.R. 1961. *Experiences in Group*. Tavistock Publication, London.（対馬忠訳『グループ・アプローチ』サイマル出版会、東京、一九七三年）

（13）Slavson, S.R. 1943. *An Introduction to Group Therapy*. The Commonwealth fund, New York.（小川太郎訳『分析的集団心理療法』誠信書房、一九五八年）

（14）宮内和端子他「児童の集団精神療法」（山口隆・増野肇・中川賢幸編）『やさしい集団精神療法入門』星和書店、東京、三一九―三三一頁、一九八七年

（15）Brisch, K.H. 2002. *Treating Attachment Disorders: From Theory to Therapy*. Guilford Press, New York.（数井みゆき・遠藤利彦・北川恵監訳『アタッチメント障害とその治療――理論から実践へ――』誠信書房、東京、二〇〇八年）邦訳二四六―二五三頁

（16）Bartholomew, K. & Horowitz, L.M. 1991. Attachment styles among young adults: A test of a four category model. *Journal of Personality and Social Psychology*, 61:226-244.

（17） Bifulco, A., Lillie, A., Ball, B. & Moran, P. 1998. *Attachment Style Interview* （*ASI*）: *Training manual*. Royal Holloway, University of London. London.

（18） Allen, J.P. & Land, D. 1999. Attachment in Adoolescence. In Cassidy, J. & Shaver, P.R. eds. *Handbook of Attachment Theory and Research*. Guilford, New York. pp.319-335.

あとがき

アタッチメントという視点から、思春期のクライエントの心理療法に光をあてて見てきた。筆者の臨床の中でアタッチメントという視点を意識するようになったのはさほど遠い昔ではない。しかし、自分の臨床経験の中で、また、周囲の臨床家の経験を共有する中で感じてきたさまざまな事柄が、アタッチメントという視点を得ることにより、バラバラだったパズルがひとつの形にまとまるようにある場所に落ちついたと感じている。

アタッチメント理論も臨床理論もそれぞれ広大な領域を持つ、いわばミームの大帝国である。筆者の旅はその中の一部をめぐったにすぎないが、この本のミームが今後、この帝国を旅してみようという人のささやかなヒントになることを願っている。ミーム理論自体も開拓中で未知の領域が多い。

本書を書きつつ何度もためらいを感じた。理論的勇み足、実証不足の批判を随所で予想したからである。しかし、内的作業モデルが日々更新されているという仮説と同様に自分の考えも日々更新されるのであり、本を書くということは、どこかでその断片をさらす覚悟をすることであると思うことにした。この本が、思春期の臨床についてアタッチメントの視点から考えていこうとする人の、あるいは研究していこうとする人の叩き台となれば幸いである。

今回、アタッチメントについて、そして臨床についてふりかえる機会を与えていただいたみすず書房の田所さんに感謝する。なかなか筆が進まないところを辛抱づよく待って励ましていただいた。

アタッチメントについてのすぐれた研究方法であるＡＳＩを教えていただき、トレーニングのシステムを作る仲間に入れていただいた吉田敬子先生に感謝する。吉田先生のパワーには遠く及ぶべくもないが、忙しさに追われつつも、楽しく学び、仕事をする姿勢を教えていただいた。九州との往復はいつも実り豊かなものであった。

あきれつつ、からかいつつ、執筆を応援してくれた家族に感謝する。

二〇〇九年十二月十七日　新座にて

林もも子

た

な

は

ま

や・ら

索　引

あ

か

さ

著者略歴

（はやし・ももこ）

1960年生まれ．1983年東京大学文学部心理学科卒．1991年東京大学教育学研究科博士課程単位取得退学．立教大学大学院現代心理学研究科教授．臨床心理士．ASIコンサルタント．著書に『精神分析再考』（みすず書房 2017），共著書に『人間関係の生涯発達心理学』（丸善出版 2014）『甘えとアタッチメント』（遠見書房 2012）『アタッチメントと臨床領域』（ミネルヴァ書房 2007）『思春期臨床の考え方・すすめ方』（金剛出版 2007）『臨床心理学研究の技法』（福村出版 2000）『心理療法のできることできないこと』（日本評論社 1999）などがある．

思春期とアタッチメント

2018年 5 月 25 日　新装版第 1 刷発行
2022年 3 月 16 日　新装版第 5 刷発行

著　者　　林もも子
発行所　　株式会社 みすず書房
〒 113-0033 東京都文京区本郷 2 丁目 20-7
電話 03-3814-0131(営業) 03-3815-9181(編集)
www.msz.co.jp
印刷・製本　大日本印刷株式会社

ISBN 978-4-622-08720-5
[ししゅんきとアタッチメント]

本書は、みすず書房より 2010 年 2 月 9 日、第 1 刷として発行した『思春期とアタッチメント』の 2013 年 3 月 29 日発行、第 2 刷を底本としています。